Die großen Frauen der Geschichte

von Hatschepsut bis Diana

Die
Welt
der
Marilyn
Monroe

MARIE
REINE
D'ESCOS-
SE

Die großen Frauen der Geschichte

von Hatschepsut bis Diana

von

Marianne Menzel

Weltbild

Titelbild: AKG

Frontispiz: Marilyn Monroe, Marquise de Pompadour, Anna Pawlowa, Maria Stuart, Marlene Dietrich, Kaiserin Elisabeth von Österreich

Bildnachweis:
Jan Decreton: S. 156
dpa: S. 239, 240
Werner Neumeister: S. 38, 39, 74, 75
Verlagsarchiv: S. 30, 37, 42, 50, 73, 77, 79, 86, 126, 134, 135, 165, 194, 223, 226
alle anderen: Archiv für Kunst und Geschichte, Berlin

Genehmigte Lizenzausgabe für Verlagsgruppe Weltbild GmbH, Augsburg 2001

Umschlaggestaltung: K. Dempel
Gesamtherstellung: I.P. Verlag
Printed in: Tschechische Republik

ISBN 3-8289-0419-X

Inhalt

Einleitung

Seit Adam und Eva ist die eine Hälfte der Menschheit weiblich. Glaubt man der Bibel, war es ein Apfel, der Schuld hatte, dass diese weibliche Hälfte in Verruf kam. Aber warum eigentlich betrachtete man den Apfel nicht als gut gemeinten Versuch zur gesunden Ernährung, sondern interpretierte ihn als Frucht der Erkenntnis und böse Versuchung? Äpfel hatten auch im alten Griechenland gefährliche Folgen für Frauen und Männer, denn als Schönheitspreis in Gold an Helena verliehen, lösten sie den langen Trojanischen Krieg aus. Helena war ebenso eine Tochter des Zeus wie die Göttin der Weisheit, Athene. Im griechischen Götterhimmel wimmelte es von mächtigen Frauen, aus alter Vorzeit kennt man Matriarchat und Mutterrecht, die siegreichen Amazonen oder Städtegründerinnen wie Dido und Libussa.

Man machte Frauen zu Sünderinnen oder Göttinnen – in der Wirklichkeit hatten sie jedoch wenig Rechte. Trotzdem bestimmten auch sie die Geschicke – allerdings kam man lange nicht auf die Idee, eine Geschichte der Frauen zu schreiben. Nun hat sich seit einigen Jahrzehnten die Forschung – auch die der Männer – des Themas angenommen, und es steht fest, dass die Geschichte der Frauen ein nicht wegzudenkender Teil der abendländischen Geschichte ist.

Aus dem geheimnisvollen Dunkel der Sage, die uns von der Königin von Saba oder Semiramis erzählt, tritt als erste eine ägyptische Herrscherin ins Licht der Geschichte. Hatschepsut regierte so gut oder schlecht wie ihre männlichen Vorgänger und Nachfolger auf dem Thron. Dann war es der Fiskus, der sich für die Frauen interessierte – politisch gemessen wurden Frauen erstmals bei der Steuerzählung des Diokletian im 3. Jahrhundert n. Chr. „Die weibliche Lebenskraft hält die Welt zusammen“, ahnte der mittelalterliche Gelehrte Alanus von Lille. Fürstinnen nach eigenem Recht, Eleonore von Aquitanien, Isabella von Kastilien oder Elisabeth von England, trugen ihre Kronen mit hoher Kompetenz. Der schottische Reformator John Knox allerdings blies einen „Trompetenstoß gegen das ungeheuerliche Weiberregiment“ und schrieb seinem Kollegen Johannes Calvin, als Elisabeth I. den englischen Thron bestieg, Frauen seien „von der Natur zu Schwachheit, Ungeduld und Torheit verdammt“.

Für die Mehrheit der Frauen galt jedoch jahrhundertelang – und oft noch heute – die strikte Regel „Kinder, Küche, Kirche“. Und gab es Lob von den Männern, nannte man Frauen „männlich“. Doch die Frauen haben immer Macht ausgeübt – hinter den Kulissen. Die Frau eines Ritters musste eine perfekte Managerin sein, die Haus und Hof verwaltete, wenn die Männer – und das waren sie oft – auf Kriegszügen waren. Töchter aus Herrscherhäusern brachten, wenn auch meist nicht die Krone, so doch beträchtliche Ländereien in die Ehe ein, mit denen sie zu wirtschaften wussten. Als gute Verwalterin und Psychologin musste die Äbtissin

Königin Luise von Preußen;
„Die Königin in ihrem
Heim – Als Mutter an der
Wiege. (li) – Häusliche
Freuden (re)“,
Chromotypie

WF

Hinrichtung Marie-Antoinettes am 16. Oktober 1793 auf der Place de la Revolution (Concorde) in Paris, zeitgenössisches Gemälde

eines Klosters agieren – viele Beispiele aus der Geschichte belegen solche Formen von Emanzipation. Doch die politische Macht blieb in den Händen der Männer, Simone de Beauvoir hat das klug analysiert. Nur ganz selten bekam eine Frau eine gelehrte Ausbildung wie die Männer, die ihre Rolle nun einmal als Heilende, Helfende, Göttin oder Hexe festgelegt hatten. Kinder musste sie bekommen, die waren das politische Kapital der Fürsten und die Lebensversicherung der Armen. In unserer Zeit der Ein-Kind-Haushalte sind die alljährlichen Schwangerschaften, noch dazu verbunden mit hoher Kindersterblichkeit, schwer nachzuvollziehen.

Es blieb ein kleiner Unterschied mit großen Folgen. Die französische Revolution forderte dann zwar „Freiheit, Gleichheit und Brüderlichkeit", vergaß dabei aber weitgehend die Schwestern. Es waren Schriftstellerinnen und Dichterinnen, die schon seit der Renaissance das Bild der Frau veränderten, die nun die Chancen von Aufklärung und Revolution nutzten. Seit Mitte des 19. Jahrhunderts wurde die Frauenrechtsbewegung stärker. Auch wenn August Bebel mit „Die Frau und der Sozialismus" eines der erfolgreichsten Bücher der Zeit schrieb und viele Frauen die sozialdemokratische Entwicklung voranbrachten, behandelten die Männer der Sozialdemokratie die Forderung des Frauenstimmrechts eher zögerlich. Es waren die englischen Sufragetten, die sich leidenschaftlich für das aktive und passive Wahlrecht der Frauen in den Kampf stürzten – mit wenig Gegenliebe bei ihrer

Jeanne d'Arc bei der Krönung Karls VII. Gemälde von Jean Auguste Dominique Ingres, 1854

Königin. Emmeline Pankhurst gründete 1889 in London die militante „Liga für Frauenrechte". Finnland war 1906 das erste Land, in dem Frauen wählen durften, es folgten 1913 Norwegen, 1915 Dänemark, 1917 Russland und 1918 Deutschland. Die USA entschlossen sich 1920, Großbritannien 1928, Frankreich erst 1944, die Schweiz als europäisches Schlusslicht 1971. Inzwischen sitzen Frauen auf Ministerposten und machen, wie in England, Indien, Irland, Israel oder der Türkei, als Premierministerinnen und Präsidentinnen Weltpolitik. Die Zahl weiblicher Abgeordneter ist allerdings meist gering, was in manchen Ländern zu umstrittenen Proporz- und Quotenregelungen führte. Feminismus und Women's Lib haben in den sechziger Jahren weiter für die Sache der Frauen gestritten.

Heute sind es oft die vielen namenlosen Frauen der südamerikanischen oder afrikanischen Freiheitsbewegungen, die sich nicht nur der Frauen-, sondern auch der Menschenrechte annehmen, und so herausragende Persönlichkeiten wie die Friedensnobelpreisträgerinnen Aung San Sun Kyi aus Burma oder die Peruanerin Rigoberta Menchu engagieren sich mit Phantasie und Elan, oft mit großen persönlichen Opfern für die Chancengleichheit. Frieden scheint eher eine Domäne der Frauen zu sein, schon 1905 erhielt Bertha von Suttner den Friedensnobelpreis. Sind Männer vielleicht weniger mutig und halten sie nur zu gern an etablierten Machtverhältnissen fest? Bis zur vollen Gleichberechtigung ist es wohl immer noch ein langer Weg.

Frauen haben schon immer, wenn auch selten und schlechter bezahlt, was auch häufig heute noch der Fall ist, so genannte männliche Berufe ausgeübt

Katharina die Große als Gesetzgeberin, Gemälde von Dimitri Grigorjewitsch Lewitzki, 1783(?)

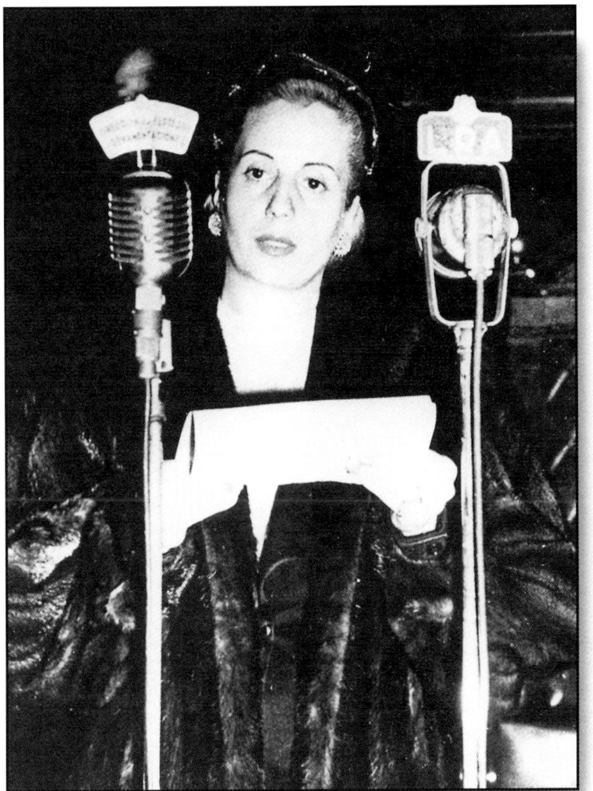

Evita Perón hält die Eröffnungsansprache auf dem 7. Internationalen Chirurgenkongress in Buenos Aires, der unter der Schirmherrschaft ihres sozialen Hilfsfonds steht. 1950, (li)

Indira Gandhi, Porträtaufnahme, 1972 (re)

– es gab sogar Piratinnen. Die Bühne wurde im 19. Jahrhundert ein Weg zu Ruhm und Erfolg, schlechter Ruf allerdings inbegriffen: Noch 1928 ließ die katholische Kirche ihre Glocken in Wien Sturm läuten, um vor Josephine Baker zu warnen.

Lehrerin war dann einer der ersten Berufe, in dem Frauen sich in der bürgerlichen Welt durchsetzten. Frauen können sich heute, wenn auch immer noch nicht als Norm, so doch oft gegen die alte Rollenverteilung durchsetzen. Man findet sie in allen, auch in technischen Berufen, sogar als Astronautin. Es war ein langer und nicht immer leichter Weg dorthin. Viele Frauen waren gezwungen, ihr Licht unter den Scheffel zu stellen. Sie durften die Laboratorien der Berliner Universität bis 1909 nicht betreten, habilitieren konnten sie sich erst seit den zwanziger Jahren und nur in Ausnahmefällen. Maria Sibylla Merian wurde es nicht gestattet, in Öl zu malen, ihre Bücher mussten viele Frauen unter Pseudonym erscheinen lassen. Viel Talent und Durchsetzungsvermögen war nötig, um mit Pinsel oder Feder Erfolg zu haben oder um an die Schaltstellen der Macht zu kommen – und dort zu bleiben. Glück, Geld und Geburt waren stets eine Hilfe. Aber was wäre die Geschichte, was die Kunst und Literatur ohne das vielfältige Wirken von Frauen, von denen einige in diesem Buch vorgestellt werden?

Hatschepsut

regierte 1504–1483 v.Chr.

Kriegszüge führten Pharao Thutmosis I. nach Asien bis zum Euphrat. Zur Macht war er durch seine Frau Ahmes gekommen, und ihre Tochter Hatschepsut wurde Mitregentin und Nachfolgerin, obwohl in Ägypten die männliche Thronfolge galt. Die erste Pharaonin Ägyptens wurde wie ein Mann ausgebildet und gekrönt, sie heiratete, wie es damals üblich war, ihren Halbbruder Thutmosis II., der jedoch früh starb. Sein Sohn, von einer Nebenfrau aus nicht königlichem Geblüt, war Tuthmosis III. Was genau in dieser Zeit der „Thutmosidenfehde" geschah, bleibt allerdings dunkel. Hatschepsut, Regentin durch ihren Vater sowie als Tante und Stiefmutter Thutmosis III., regierte 20 Jahre als Alleinherrscherin über Ägypten, bis es Thutmosis III. gelang, die Macht an sich zu reißen. Ihre friedliche Regierung brachte dem Land Wohlstand und Blüte. Hatschepsut förderte Handel und Künste, sie rüstete Expeditionen zum Sinai, in das sagenhafte Weihrauchland Punt und nach Äthiopien aus. Ihr Kanzler und Günstling Senenmut baute den herrlichen Amon-Tempel Deir el-Bahri in Theben. Die riesige Anlage steigt in Terrassen an, die durch Rampen verbunden sind, und fügt sich vollkommen in die umgebenden Felsen. In den oberen Säulengängen sind farbige Reliefs erhalten, die von Hatschepsuts göttlicher Geburt erzählen und die reich beladenen Expeditonsschiffe zeigen. Auch Senenmut hat sich diskret abbilden lassen. Hatschepsut ist überall als Pharaonin dargestellt, auch mit dem umgebundenen Bart, der als Symbol der Würde beim Erscheinen in der Öffentlichkeit angelegt wurde. Ihr Tod bleibt ungeklärt: Tuthmosis III. soll sie gezwungen haben, sich selbst zu vergiften. Sein Hass war so groß, dass er alle erreichbaren Bilder vernichten ließ – man sagte, dass er sogar ihre Mumie ermorden ließ.

Deir el-Bahari, Terrassentempel der Königin Hatschepsut (Teilansicht)

Gegenüberliegende Seite: Königin Hatschepsut, dargestellt als männlicher Pharao, mit Seschar, der Göttin der Schreibkunst

Nofretete

14. Jahrhundert v.Chr.

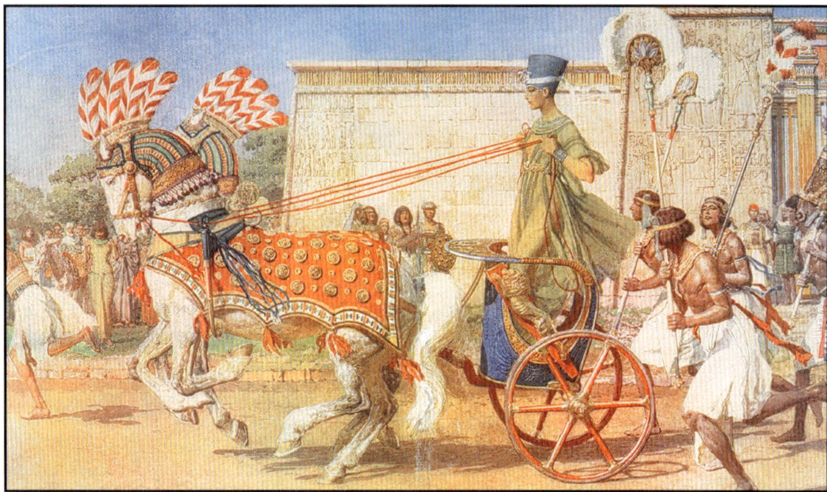

Nofretete fährt durch die Hauptstadt Theben. Farbdruck nach Zeichnung von Fortunino Mantia (geb. 1881)

„Die Schöne ist gekommen", so heißt Nofretete, die schöne Pharaonin, die durch ihre Porträtbüste aus bunt bemaltem Kalkstein, die 1911/12 in Amarna ausgegraben wurde und nach Berlin kam, weltberühmt wurde. Das schmale Gesicht unter der hohen blauen Haube bezaubert durch seine Lebendigkeit und zarte Melancholie. Man weiß wenig von ihr. Sie war wohl keine Prinzessin aus Mesopotamien, wie man früher annahm, sondern aus vornehmer, aber nicht königlicher ägyptischer Familie, heiratete den Pharao Amenophis IV. und stand lange im Schatten ihrer mächtigen Schwiegermutter Teje. Aus vielen Grabfunden kennt man aber die Mode der Zeit, lange plissierte Kleider aus Leinen mit weiten Ärmeln, goldverzierte Sandalen und reichen Schmuck. Der Pharao war ein großer religiöser Reformator: Die alten Götter wurden radikal abgeschafft, nun huldigte man der Sonne als dem Gott Aton. Amenophis nahm den Namen Echnaton an – auf den die Sonnenscheibe ihr Wohlgefallen richtet – und gründete am östlichen Nilufer die Stadt Amarna als Mittelpunkt der neuen monotheistischen Religion. Sein „Sonnengesang" an Gott Aton ist ein bedeutendes Werk ekstatisch-mystischer Lyrik. Nofretete folgte ihm in dieser neuen, verinnerlichten Religiosität. Der Hof zog nach Amarna, die Pharaonin lebte im Norden der Stadt in ihrem Palast, dessen Wände mit bezaubernden Landschaften, Blumen und Tieren bemalt waren und wo es sogar ein Vogelhaus gab. Das Paar besaß sechs Töchter, und wir sehen die Familie auf vielen Reliefs: Nofretete und Echnaton auf einem Wagen, sonnenbestrahlt mit Opfergaben auf dem Weg zum Tempel, innig-private Szenen aus dem täglichen Leben. Die göttliche Herrscherfamilie sollte die allumfassende Liebe, die Aton der Welt schenkt, verkörpern. Ein neuer Kunststil von zartem Realismus war entstanden. Traumverloren vergaß Echnaton die Politik. Nach seinem Tod herrschte kurze Zeit sein Schwiegersohn Tut-Ench-Amun, der wieder zur alten Religion zurückkehrte – er wurde durch den Grabfund im Tal der Könige berühmt. Nofretetes Sonnenstadt Amarna aber bestand keine 30 Jahre.

Büste der Nofretete,
um 1355 v. Chr.

Sappho

*** um 612 v.Chr. Eresos/Lesbos**
† um 570 v.Chr.

Sappho, Römisches Wandgemälde, 1. Jh.n.Chr., aus Neapel

Die frühgriechische Dichterin gilt als Inbegriff der Poesie. Ihr Werk ist nur bruchstückhaft überliefert, doch wurde sie schon zu Lebzeiten als „zehnte Muse" gepriesen, später allerdings auch in Komödien verspottet. Der römische Dichter Catull ist stark von ihr beeinflusst, und sogar eine Form der Liedstrophe wurde nach ihr benannt. Aus ihrem Leben ist wenig bekannt. Sie stammte aus adliger Familie, hatte drei Brüder, war mit Kerkylas, einem vermögenden Mann aus Andros, verheiratet und Mutter einer Tochter, Kléis. Aus politischen Gründen mussten 603 einige Adlige Lesbos verlassen, darunter auch Sappho sowie Alkaios aus Mytilene, ein damals berühmter Autor kunstvoller und leidenschaftlicher Gedichte, der um Sappho geworben haben soll. Nach ihrer Rückkehr um 585 lebte Sappho in Mytilene und war Leiterin eines musischen und geselligen Vereins, in dem nach äolischem Brauch junge adlige Mädchen vor der Heirat in Musik, Gesang und Sitte ausgebildet wurden. Man weiß nicht mit Sicherheit, ob es Priesterinnen der Aphrodite oder nur ein privater Kreis von Freundinnen war. In dieser Umgebung entstanden volkstümliche Hochzeitsgedichte, kunstvolle Hymnen an Göttinnen und Lieder schwärmerischer Leidenschaft für die jungen Freundinnen. Als Liebende und Dichterin zugleich schrieb Sappho Zauberworte – und so entstand der Begriff der „lesbischen Liebe". Ihr Leben war bald von Mythen umwoben. Ohnehin galt die Insel Lesbos, an deren Ufern Kopf und Leier von Orpheus angespült worden waren, als Wiege der Poesie. Sappho soll sich aus unglücklicher Liebe zu dem schönen Jüngling Phaon vom Leukadischen Felsen ins Meer gestürzt haben – ein mythischer Selbstmord als Sinnbild für den Übergang in Apolls ewiges Reich der Kunst.

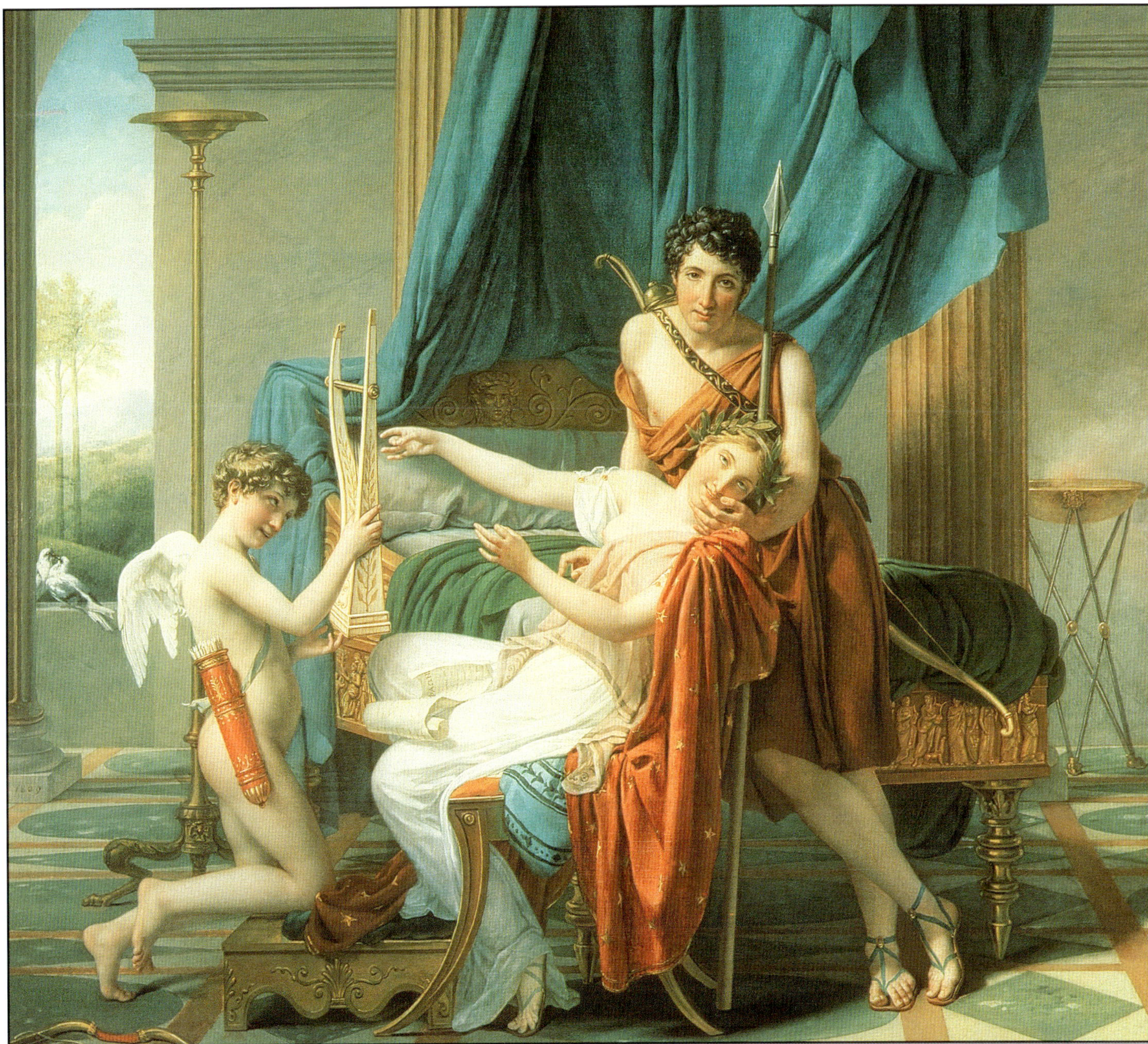

Sappho und Phaon,
Jacques Louis David,
1809

Kleopatra

*** um 70 v.Chr.**
† 30 v.Chr. Alexandria

Der Tod der Kleopatra (Sebstmord durch den Biss einer giftigen Natter), Gemälde von Guercino (1591–1666)

Gegenüberliegende Seite: Das Gastmahl der Kleopatra, Gemälde von Gérard de Lairesse (1641–1711) Als Antonius den Luxus der Königin bewunderte, löste diese eine wertvolle Perle aus ihrem Ohrgehänge in einem Becher Wein auf, den sie dann austrank)

Als Kleopatra VII. im Jahr 51 auf den Thron kommt, hält sie für einige Zeit das Schicksal der Mittelmeerländer in der Hand. Die letzte Herrscherin der Ptolemäer war eine Griechin und hoch gebildet, sie sprach mehrere, auch afrikanische Sprachen, viele Prachtbauten, wie der berühmte Leuchtturm von Pharos, gehen auf sie zurück. Kleopatra war ein Finanzgenie und eine große politische Begabung, entschlossen, wenn auch skrupellos. Sie war wohl nicht besonders schön, denn Zeitgenossen kritisieren immer ihre große Nase, muss aber eine magische Anziehungskraft besessen haben. Es war die große Zeit der Mysterienreligionen, und als Königin sah Kleopatra sich in der Rolle der Göttin Isis. Göttliche Abstammung war in Ägypten ein Politikum und die Rechtfertigung für die Geschwisterehen, die die Pharaonin nominell mit Halbbrüdern schloss. Doch sie machte immer klar, dass sie die Regentschaft nie einem jüngeren Bruder überlassen würde.

Durch die Wirren nach dem Tod ihres Vaters war Kleopatra gezwungen nach Oberägypten zu fliehen und vorübergehend zurückzutreten. Als Herrscherin in der Tradition Alexanders des Großen wollte sie den Ruhm Ägyptens erneuern, was aber nur mit Hilfe der ungeliebten Römer möglich war, die schon lange die Annexion Ägyptens planten. 48 kommt Caesar nach Alexandria. Um ihn zu treffen, soll Kleopatra sich in einen Teppich gerollt an der Küstenwache vorbei zu ihm geschmuggelt haben. Sie bezauberte den römischen Feldherrn, auch aus politischem Kalkül, denn sie wollte den alten Glanz der ptolemäischen Dynastie und die Unabhängigkeit Ägyptens erhalten. Alexandria war der größte Hafen der alten Welt, und Caesar, wie später auch Antonius, scheint nicht nur die Liebe Kleopatras, sondern auch den raffinierten Luxus des Hoflebens geschätzt zu haben. Ägypten war reich, besaß eine gut organisierte Bürokratie und ein fast modernes Steuer- und Bankensystem, Wissenschaft und Technik standen in hoher Blüte. Kleopatra bringt

Die Begegnung von Antonius und Kleopatra in Tarsus, Charles Joseph, um 1753 (Entwurf für einen Wandteppich)

ihren Sohn Ptolemaios Caesarion auf die Welt und reist 46 nach Rom, in die Nähe ihres mächtigen Verbündeten. Nach seiner Ermordung verlässt sie Rom, der kleine Sohn wird 44 nach dem Tod des vielleicht von ihr ermordeten Bruders Mitkönig.

Antonius trifft sie 41 in Tarsus. Plutarch berichtet von den rauschenden Festen, mit denen ihn Kleopatra gewann – die himmlische Hochzeit zweier Gottheiten wird gefeiert. Wieder war es nicht nur eine romantische Liebesaffäre, sondern auch ein politisches Geschäft. Antonius kommt nach Alexandria, 40 werden Zwillinge geboren, Antonius verlässt Kleopatra jedoch wieder, um nach dem Tod seiner ersten Frau die Schwester Octavians zu heiraten. Erst 37 sehen sie sich in Antiochia wieder, und Antonius erliegt abermals ihrem Charme – und ihren politischen Ideen. Sie planen ein Reich der Griechen, das dem römischen fast gleich gestellt ist. Antonius vergrößert Ägypten mit Teilen römischer Provinzen, Kleopatra begleitet ihn nun öfter auf Feldzügen und schenkt ihm noch einen Sohn. Als Antonius 34 triumphal als

Die Landung der Kleopatra in Tarsos, Gemälde von Claude Lorrain, 1642

Stellvertreter Roms in Alexandria einzieht, empfängt sie ihn auf einem goldenen Thron und wird zur Königin der Könige ernannt. Kleopatra, hellsichtiger und machtbewusster als Antonius, fühlt sich zunehmend von Octavian bedroht, der in Rom die schlechte Stimmung gegen „die Hexe" schürt. Er setzt Antonius als Konsul ab, erklärt Kleopatra den Krieg und siegt 31 in der Seeschlacht von Actium. Kleopatra kann entkommen und verbarrikadiert sich mit dem Staatsschatz in ihrem Grabmal. Antonius glaubt, sie sei tot und bringt sich um; Kleopatra, von Octavian gefangen, vergiftet sich, wohl durch den Biss einer Schlange. Octavian lässt die Frau, die er sein Leben lang gehasst hat, in allen Ehren bestatten. Das reiche Ägypten war Rom sicher – die Vorherrschaft des Westens beginnt.

Helena

*** um 255**
† um 330 in Nikomedien

Kolossalstatue der Heiligen Helena, Rom, St. Peter, von Andrea Bolgi, 1629

Ein Leben, das von vielen Legenden umwoben ist: War Helena eine englische Königstochter, Griechin oder nur eine schöne Magd? Wurde sie in Trier oder in Drepanon im kleinasiatischen Bithynien geboren? Um 275 heiratet sie Constantius Chlorus, den Mitkaiser Diokletians, ihr Sohn Konstantin wird 288 geboren, die Ehe 292 geschieden. Als Konstantin 306 Kaiser wird, holt er seine Mutter nach Trier, zusammen mit seinem unehelichen Sohn Crispus, den Helena erzieht. Von Konstantin zur „Augusta" ernannt, spielt sie eine große Rolle am kaiserlichen Hof und bekommt sogar eigene Münzrechte. Wahrscheinlich um 313 wird sie Christin. Konstantin, der seine Söhne christlich erziehen ließ, wurde erst auf seinem Sterbebett getauft. Er schrieb jedoch seinen Sieg über Maxentius, 312 an der Milvischen Brücke bei Rom, dem Christengott zu. 313 wurde ein Dekret erlassen, das die Christen duldete.

322 verließ Helena Trier, um in Rom zu leben. Sie hatte großen Anteil am Bau der prachtvollen Kirchen und unternahm 326/7 eine Wallfahrt nach Palästina, die Kirchen am Ölberg und in Bethlehem gehen auf ihre Stiftungen zurück. Mit Kaiser Konstantin ließ sie die Höhle des Heiligen Grabes aufdecken. Bischof Ambrosius von Mailand ist der erste, der die wundersame Geschichte von der Auffindung des Heiligen Kreuzes, an dem Jesus Christus den Tod fand, durch Helena erzählt. In den schönen Fresken von San Francesco in Arezzo hat Piero della Francesca die Kreuzfindung vollendet dargestellt – eine Geschichte, die auf Adam, König Salomo und die Königin von Saba zurückgeht. Für das Kreuz aus Jerusalem wird in Rom eine Kirche gebaut.

Theodora

* um 500 Konstantinopel
† 28.6.548 Konstantinopel

Auf den prächtigen Mosaiken von San Vitale in Ravenna, zu Theodoras Lebzeiten entstanden, sehen wir ihre hoheitsvolle, schmuckstarrende Gestalt. Die mächtige Kaiserin von Byzanz war die Tochter des Bärenführers Akaios und sie verbrachte ihre Jugend zwischen Tierkämpfen und Wagenrennen im Hippodrom. Ein armes, hübsches Mädchen konnte nichts anderes als Schauspielerin werden, und das hieß damals auch Prostituierte. Wann und wo sie den Thronfolger des römischen Reiches, Justinian, kennen lernte, wissen wir nicht, aber es war Liebe auf den ersten Blick. Das meiste, was wir über Theodora wissen, stammt von einem Mann, der sie hasste – dem Historiker Prokop. Gegen alle Regeln heiratet sie Justinian 524 feierlich in der Hagia Sophia. Theodora genießt den Luxus des neuen Lebens, wird eine vollendete Gastgeberin und lernt mit Scharfblick die Kunst der hohen Politik. Nach dem Tod des alten Kaisers 527 werden beide Herrscher über das krisengeschüttelte Weltreich. Es war Theodora, die beim Nika-Aufstand Mut und Größe zeigt und so den Thron rettet. Sie übernahm nun mehr die Macht, reiste öfter durch das Land, sorgte sich um den Wiederaufbau der Stadt, verbesserte das Los der Frauen durch ein Gesetz, nach dem Söhne und Töchter gleiche Erbrechte haben, und ein Edikt gegen Zuhälterei. Bei den religiösen Auseinandersetzungen unterstützt die fromme Christin die Monophysiten (eine Richtung, die noch heute in der koptischen Kirche fortlebt), es gelingt aber trotz aller Finten nicht, Rom langfristig zu überzeugen und einen Papst ihrer Wahl küren zu lassen – auch nicht, nachdem Belisar das Ostgotenreich in Italien erobert hatte. Justinian hat seine Frau Zeit seines Lebens vergöttert. Nach ihrem Tod brechen neue Unruhen aus. Der Traum von der Wiederherstellung des römischen Weltreiches ging nicht in Erfüllung.

Kaiserin Theodora mit ihrem Gefolge, Apsismosaik in S. Vitale, Ravenna, um 547

Roswitha von Gandersheim

*** um 935**
† nach 973

Roswitha von Gandersheim, Kupferstich, 19. Jahrhundert

Hrotsvith, so die alte Schreibung, stammte aus niedersächsischem Adel und trat als Nonne in das Benediktinerinnenkloster Gandersheim bei Braunschweig ein, das Liudolf, der Großvater König Heinrichs I., 852 gegründet hatte. Die Äbtissinnen waren meist kaiserliche Prinzessinnen. Roswitha ist Deutschlands früheste Dichterin und muss eine hoch gebildete Frau gewesen sein. Da sie den „heidnischen“ Schriftsteller Terenz als Schullektüre zu anstößig fand, schrieb sie als christliches Gegenstück sechs mittellateinische Legendendramen in rhythmischer Prosa, deren bedeutendstes „Abraham“ ist – einzigartige frühe Versuche mittelalterlicher Dramatik, die ein Bindeglied zwischen dem römischen Theater und den späteren christlichen Mysterienspielen sind. Sie verfasste auch ein Epos über die Geschichte von Gandersheim und, im Auftrag der kaiserlichen Familie, die „Gesta Ottonis“, in der die Taten des Herrschers in christlich-römischem Sinn interpretiert werden. Sie scheint eine genaue Kenntnis der politischen Wirren in der frühen Regierungszeit des Kaisers gehabt zu haben, führt sie allerdings vor allem auf das Wirken des Teufels zurück. Die „Passio Gongolfi“, eine Heiligenlegende in Versen, löst sich vom traditionellen Schema der Heiligenviten und hat durchaus burleske Züge, mit „Pelagius“ nimmt sie einen Stoff aus dem arabischen Spanien auf. Der Humanist Konrad Celtis entdeckte ihre Werke im frühen 16. Jahrhundert wieder und ließ sie drucken – Roswitha kam endlich zu verdientem Ruhm. Noch Goethe entnahm ihrem „Theophilus“ manche Anregung für den „Faust“.

Roswitha überreicht Otto d. Gr. und dem Erzbischof Wilhelm von Mainz ihre Werke. Albrecht Dürer, Holzschnitt, 1501

Theophanu

*** um 955**
† 15.6.991 Nimwegen

Bildnis der Kaiserin Theophanu, Ausschnitt aus dem Vorderdeckel des Codex Aureus von Echternach, 982–991

Otto I. lässt am Hof von Byzanz um die Kaisertochter werben, doch der Sohn des deutschen Kaisers ist den stolzen Oströmern nicht gut genug. Nach dem Thronwechsel und mit politischen Zugeständnissen hat er jedoch mit einer weiteren Werbung durch den Kölner Erzbischof Gero Erfolg. Gero bringt eine griechische Prinzessin, die aber vielleicht keine Kaisertochter war, nach Rom. 972 wird sie von Papst Johannes XIII. mit Otto II. verheiratet und zur Kaiserin gekrönt. Theophanu war eine hoch gebildete Frau, die am politischen Geschehen aktiv Anteil nahm. Sie liebt aber auch Kunst und Prunk und verblüfft den deutschen Hof mit eleganter Mode und edlem Schmuck. Es ist die Blütezeit der romanischen Kunst, die Byzanz viel zu verdanken hat. Nach dem frühen Tod ihres Mannes übernimmt Theophanu mit ihrer Schwiegermutter Adelheid die Regentschaft für den unmündigen Sohn Otto III., unterstützt durch die Bischöfe von Mainz und Worms. Siegreich geht sie aus den inneren Kämpfen mit Heinrich dem Zänker, der sich zum Gegenkönig aufwirft, und mit Polen und Ungarn hervor. Durch die Verheiratung ihrer Tochter Mathilde mit dem Pfalzgrafen Ezzo sichert sie Lothringen für das Reich. Zwei ihrer Töchter werden Äbtissin in Gandersheim und Quedlinburg. Als kaiserliche Vertreterin ihres Sohnes zieht sie 998 mit dem Heer nach Italien. Sie reagiert von den deutschen Pfalzen aus ebenso wie von Rom und Pavia. So erneuert sie auch die Idee des römischen Reiches, die dann zum politischen Programm Ottos III. wird. „Sie war eine Frau von bescheidenem und doch festem Charakter", lobt der zeitgenössische Chronist Thietmar von Merseburg, „und bewahrte mit wahrhaft männlicher Kraft das Reich ihrem Sohn."

Kunigunde

* nach 970
† 3.3. 1033 Kloster Oberkaufungen

Tympanon der Gnadenpforte, Dom Bamberg, Maria mit dem Kind und die Kirchenpatrone Petrus und Georg, die Bistumspatrone Heinrich II. und Kunigunde und Kleriker

Graf Siegfried I. begründete mit seinen zehn Kindern die herausragende politische Stellung Luxemburgs. Seine Tochter Kunigunde wurde 998 Gemahlin von Heinrich, der nach langen Auseinandersetzungen deutscher König wurde. Heinrich II., zunächst für den geistlichen Stand vorgesehen, war hoch gebildet. Er förderte die Reform der Klöster und war auch ein Gönner der Künste, in dessen Auftrag die Reichenauer Mönche das bedeutende „Perikopenbuch" malten. Das Paar wurde 1002 in Pavia und nochmals 1004 in Paderborn gekrönt, 1014 folgte die Kaiserkrönung in Rom. Kunigunde hatte starken Anteil an den Regierungsgeschäften des Reiches und reiste ständig mit ihrem Mann, sie vertrat oft auch ihren Bruder, Herzog Heinrich V. von Bayern. Die Ehe des Paares blieb kinderlos, beide standen früh im Ruf großer Frömmigkeit. Die Legende erzählt, dass Kundigunde den Vorwurf ehelicher Untreue durch das Bestehen der Feuerprobe widerlegt habe. 1007 gründete das Königspaar das Bistum Bamberg, das die Missionsarbeit bei den Slawen fördern sollte. Kunigunde stiftete ihr reiches Heiratsgut, Papst Benedikt VIII. kam zur Weihe und unterstellte das Bistum seinem besonderen Schutz. In Bamberg wurde Kunigunde an der Seite ihres Mannes beigesetzt, das Hochgrab der Stifter ist ein Meisterwerk von Tilmann Riemenschneider. Es zeigt die Kaiserin in reichen Gewändern und erzählt eine andere Legende aus ihrem Leben – wie sie die Bauarbeiter des Doms bezahlte und das Geld nie alle wurde. Nach Heinrichs Tod 1024 zieht Kunigunde sich als Nonne in das 1017 von ihr gestiftete Kloster Oberkaufungen zurück, 1024 übergibt sie dem Salier Konrad II. die Reichsinsignien. 1200 wird die fromme Fürstin von Innozenz III. heilig gesprochen.

Kunigunde wird der Feuerprobe unterworfen, zum Beweis ihrer ehelichen Treue.
Holzstich, 1890

Christus krönt Heinrich und Kunigunde, Buchmalerei, Reichenau, 1007 oder 1014

Gisela von Ungarn

* um 985 Abbach/Niederbayern
† 7.5.1060 Niedernburg/Passau

Das so genannte Giselakreuz

Die Tochter von Herzog Heinrich II. von Bayern, dem Zänker, und Gisela, der Tochter des Königs von Burgund, war die Schwester des deutschen Kaisers Heinrich II. Sie wurde noch als Kind 996 mit Waik, dem späteren ungarischen König Stephan I., verheiratet. 1001 wurden beide feierlich gekrönt. Das Geschlecht der Arpaden hatte sich erst seit kurzem zum Christentum bekannt. Gisela hatte starken Anteil an der Christianisierung Ungarns und gilt als Stifterin des Domes von Veszprém nördlich des Plattensees, sie förderte auch Pannonhalma, das erste Benediktinerkloster des Landes. Zum Gedenken an ihren Sohn, den Thronfolger Emmerich (Imre), der 1031 starb, stickte die Königin mit ihren Hofdamen für die Marienkirche von Székesfehérvár (Stuhlweißenburg) eine Prunkkasel, auf der sie selbst als Stickerin dargestellt ist, mit ihrem Sohn und dem König, der eine perlenbesetzte Krone auf dem Haupt trägt. Aus dem Messgewand wurde später der Krönungsmantel der ungarischen Könige.

Nach dem Tod des Königs 1038 erschütterten heidnische und dynastische Aufstände das Land, das so auch zum Spielball der deutschen Politik wurde. 1045 befreite König Heinrich III. Gisela und brachte sie nach Passau, wo sie als Nonne in das reichsunmittelbare Benediktinerinnenstift Niedernburg eintrat. Sie starb 1060 als Äbtissin des Klosters und wurde später selig gesprochen. Der Originalgrabstein ist unter einem Hochgrab des 15. Jahrhunderts erhalten. Die Ungarn entzogen sich jedoch bald dem deutschen Einfluss und unterstellten sich der Lehnshoheit des Papstes, die Heiligsprechung Stephans durch Papst Gregor VII. 1073 wurde zum Ausgangspunkt der nationalen Erneuerung des Landes.

Umgeben von Gefolgsleuten verlobt Herzog Heinrich Gisela mit dem ungarischen König Stephan. Die damals erst 10-jährige Braut wird als Erwachsene dargestellt. Gemälde wohl von Peter Candid, 1624/25

Hildegard von Bingen

* 1098 Bermersheim/Alzey
† 17.9.1179 Ruppertsberg/Bingen

Hildegard von Bingen
Farbdruck, um 1910

Die Zeit sehnte sich nach neuen Formen von Frömmigkeit, wie sie auch in den Reformklöstern Cluny und Hirsau verwirklicht wurden. Die Familie des Freiherrn Hildebert von Bermersheim gibt das zehnte Kind schon als Achtjährige zu einer Klausnerin, bald tritt Hildegard in das Benediktinerinnenkloster Disibodenberg ein, dessen Vorsteherin sie 1136 wird. 1141 lässt sie Kloster Ruppertsberg bauen. Die hoch begabte Frau, die nie systematischen Unterricht erhalten hat, ist Dichterin, Komponistin, Biologin, Homöopathin und Mystikerin zugleich. 70 Hymnen und Antiphonen hat sie komponiert. Sie wurden im Kloster gesungen – obwohl es die Prälaten in Mainz verboten hatten, was zu längeren Auseinandersetzungen führte. Das geistliche Musikdrama „Ordo virtutum" ist das älteste überlieferte Werk seiner Art. Schon mit drei Jahren sah Hildegard „ein so großes Licht, das meine Seele erbebte". 1141 beginnt sie ihre „Scivias"-Visionen (Wisse die Wege) aufzuzeichnen. Wahn und Wunder liegen in diesen gewaltigen Bildern, die sich ins Kosmische weiten, dicht beieinander. In der Schreibstube des Klosters entstehen schön illuminierte Folianten, sogar der strenge Bernhard von Clairvaux ist von dem mystischen Werk begeistert. Papst Eugen III., der 1147 in Trier weilt, lernt Hildegard kennen und ernennt sie zur Prophetin. Predigend, denn glauben heißt für sie auch handeln, reist die Prophetin durch Deutschland, berät Kaiser Barbarossa und die Mächtigen des Landes. 1150–57 widmet sie sich vor allem naturwissenschaftlichen Studien, „Physica" und „Causa et curae" sind ein Kompendium der Klostermedizin und noch heute eine Grundlage der Naturtherapie. Hildegard gründet 1165 ein zweites Kloster, in Eibingen bei Rüdesheim, in dem sie dann begraben wird. Offiziell heilig gespochen wurde sie nie – waren die Schriften und Visionen der ungewöhnlichen „Schwester der Weisheit" zu klug und gewagt?

Vision der hl. Hildegard
Bilderhandschrift,
um 1230

Heloïse

*** um 1100 Paris**
† um 1164 Paraclet

Grabmal auf dem Cimetière Pere-Lachaise, Paris

Abaelard und Heloïse – das ist die so geheimnisvolle wie weltberühmte Geschichte von irdischer und himmlischer Liebe im frühen Mittelalter. Sie beginnt in Paris, damals eine kleine Stadt, aber mit einer weltberühmten Universität, an der Abaelard, ein renommierter Theologe, lehrt. Er wird Hauslehrer von Heloïse, der Nichte des Kanonikus Fulbert. Die Liebe zur Philosophie führt zur großen, leidenschaftlichen Liebe. Beide halten nichts von überkommenen Normen, auch als Heloïse 1118 ein Kind bekommt, das sie Astrolabius nennen, ist von Heirat nicht die Rede. Heloïse schätzt ihre Freiheit, sorgt sich „unseliger zu werden, als wir selig miteinander waren". Was es dann für Gründe für die heimliche Heirat gab und warum der Onkel sich so furchtbar rächt und Abaelard nachts überfallen und entmannen lässt – darüber schweigen die Dokumente. Abaelard geht 1120 ins Kloster, erst nach St.-Denis, später in eine einsame Gegend bei Troyes in der Champagne, wo er sich mit seinen Schülern um eine dem Tröster, Paraclet, geweihte Kapelle ansiedelt. Auch Heloïse geht auf seinen Wunsch ins Kloster, trotzig nimmt sie in Argenteuil den Schleier – sie verzweifelt an ihrer unerfüllten Liebe, voller Trauer verbringt sie die ersten Klosterjahre. Ihre Briefe, die nochmals alle Liebeslust und Qual durchmessen, sind erhalten. Als das Kloster 1129 aufgelöst wird, nimmt Abaelard sie mit den anderen Schwestern auf. Papst Innozenz II. bestätigt die Schenkung und Heloïse, nun Äbtissin, macht aus Paraclet ein blühendes Kloster. Sie sehen sich jetzt öfter, Abaelard schreibt die Klosterregel, Hymnen und Predigttexte, und sie wechseln Briefe voller Leidenschaft und Gelehrsamkeit. Heloïse ähnelt den Damen der höfischen Minne – aber nur sie hat gewagt, ihr Schicksal zu leben.

Abaelard überlässt seiner Gattin Heloïse die von ihm erbaute Klause Paraclet in Nogent, Holzstich, 19. Jahrhundert

Eleonore von Aquitanien

*** um 1122**
† 31.3.1204 Fontevraud

Grabmal der Eleonore in der Abteikirche Fontevraud, 13. Jahrhundert

Zweimal Königin, Mutter zweier Könige und Großmutter eines Kaisers, ist Eleonore eine der ungewöhnlichsten Frauen des Mittelalters, auch wenn sich ihr Traum von einem geeinten englisch-französischen Reich nicht erfüllte. Die Herzogin von Aquitanien und Gräfin von Poitou, hoch gebildet und verführerisch schön, wird gleich nach dem Tod ihrer Eltern 1137 von ihren Vormündern mit dem frommen französischen König Ludwig VII. verheiratet. Sie bringt die reiche Kultur Okzitaniens, die sie von ihrem Großvater, dem Grafen und Troubadour Guillaume IX., kannte, an den erstaunten Pariser Hof. Frankreich wird durch ihre Mitgift mächtig, glücklich wird Eleonore nicht. Als Louis 1147 zum zweiten Kreuzzug aufbricht, schließt seine unternehmungslustige Gemahlin sich an. Überall erregen Eleonores Charme und Klugheit Aufsehen – und Gerede: Hatte sie ein Verhältnis mit dem Dichter Bernard de Ventadour, mit Raymond von Toulouse, mit Henri Plantagenet, dem Vater ihres späteren Mannes, oder gar mit Sultan Saladin? Von Antiochia will Ludwig nach Jerusalem, Eleonore, unerhört, widerspricht – und behält Recht: Der Kreuzzug wird ein Fehlschlag. Auf der Rückfahrt wird ihr Schiff von Piraten gekapert und erst in letzter Minute von Normannen befreit. In Italien trifft sie dann ihren Mann wieder. Sie seien eigentlich zu nah verwandt, meint sie und will die Scheidung, doch Papst Eugen III. versöhnt beide vorübergehend. 1149 zurück in Paris, will Ludwig die Macht nicht teilen, da sie zudem „nur" zwei Töchter haben, wird die Ehe 1152 doch für nichtig erklärt.

In Poitiers heiratet Eleonore umgehend Henri Plantagenet, Herzog der Normandie und Graf von Anjou, der mit ihr nicht weniger eng verwandt ist. Sie liebt den jüngeren Mann, und durch ihre Mitgift entsteht ein neues Großreich – ein Affront für Ludwig. Als Heinrich II. 1154 englischer König wird, nehmen beide die Herrschaft energisch in die Hand. Eleonore reist viel, um ihre Provinzen selber zu verwalten. Acht Kinder werden geboren. Mit Ludwig hat man sich wieder versöhnt, doch als die schöne Rosamunde Mätresse ihres Mannes wird, fühlt Eleonore sich düpiert. Sie verlässt ihren Mann, geht mit den Kindern nach Aquitanien und richtet in Poitiers ihren Musenhof ein. Seinen ältesten

Hochzeit Ludwigs VII. mit Eleonore (links), Aufbruch zum 2. Kreuzzug 1147 (rechts) Buchmalerei aus den „Grandes Chroniques de France. Chronique de St. Denis", 14. Jahrhundert

Sohn Heinrich hatte der Vater zum König gemacht, doch nun rebellieren die Söhne – hat Eleonore sie angestiftet? Ludwig ist es nur recht, es kommt zum Krieg. Heinrich verlangt, dass Eleonore zu ihm zurückkehrt, doch die betrogene Königin denkt nicht daran. In Männerkleidern auf der Flucht, wird sie von Heinrichs Soldaten gefangen genommen. Die Kämpfe ziehen sich noch hin, schließlich unterwerfen sich die Söhne.

Neun Jahre schon lebt Eleonore streng bewacht auf der Burg Salisbury, als 1183 ihr Sohn Heinrich stirbt – sein letzter Wunsch war die Befreiung seiner Mutter. Doch sie bleibt in ihrem einsamen Turm. Erst als die anderen Söhne, Richard Löwenherz und Johann Ohneland, wieder rebellieren, darf sie kurze Zeit, wohl aus politischem Kalkül, am Hofleben teilnehmen, bleibt aber bis zu Heinrichs Tod 1189 in Haft. Endlich befreit, hat Eleonore Charme und Würde nicht verloren, ist aber abgeklärter und kümmert sich nun energisch um die alten Bündnisse. Der neue König Richard bricht zum Kreuzzug auf, Eleonore fährt ihm mit seiner Braut Berengaria bis Italien nach – sie weiß, wie wichtig Kinder für die Thronfolge sind. Zurück aus Jerusalem wird Richard 1192 in Österreich gefangen und Geisel des deutschen Kaisers. Der französische König nutzt die Gelegenheit, um die Normandie zu erobern, auch Heinrichs Bruder Johann erhebt nun Ansprüche. Eleonore setzt alle Hebel in Bewegung, protestiert beim Papst und macht sich zur Verteidigung Englands bereit. Jetzt lenkt der Kaiser ein und will Richard gegen ein enormes Lösegeld freigeben. Eleonore beschafft das Geld, doch Kaiser und Klerus zögern. Erst als Richard sich als Vasall des Kaisers beugt, kommt er frei und segelt mit seiner Mutter 1194 im Triumph zurück. Eleonore zieht sich als Nonne ins Kloster Fontevraud zurück – die Politik lässt ihr allerdings keine Ruhe.

Hedwig (Jadwiga)

* zwischen 1174 und 1178 wahrscheinlich Andechs † 14.10.1243 Trebnitz

Hedwig, Tochter Bertholds VI., Graf von Andechs-Meranien, wurde bei ihrer Tante im Benediktinerinnenkloster Kitzingen erzogen und mit 13 Jahren mit dem Piastenherzog Heinrich I., dem Bärtigen von Schlesien verheiratet. Sie schenkte sieben Kindern das Leben. Ihr Hof wurde zu einer Schule christlicher Tugend. Dank der weit reichenden Familienverbindungen gelang es, viele Deutsche ins Land zu holen und Polen zum Westen zu öffnen. Nachdem ihr Mann 1238 gestorben und der älteste Sohn Heinrich II. der Fromme 1241 im Kampf gegen die Mongolen umgekommen war, zog Hedwig sich in das von ihr gestiftete und reich ausgestattete Zisterzienserkloster Trebnitz bei Breslau zurück, wo sie 1243 starb. Ihre Tochter war Äbtissin des Klosters. Als Schutzpatronin Schlesiens wurde sie 1267 von Papst Clemens IV. heilig gesprochen. Noch heute zieht es viele Pilger zu ihrem barocken Grabmal in der frühgotischen Hedwigskapelle im Kloster. Zahlreich sind die Legenden über ihre Frömmigkeit und ihr soziales Engagement. So wird sie auch von den Malern dargestellt: barfuß, die Schuhe in der Hand, oder in Zisterzienserinnentracht, neben ihr Krone und Fürstenmantel, als Fürsprecherin der Armen vor Gericht.

Hl. Hedwig, Silberrelief

Die Hedwigslegende,
Schlesien, 1353

Hic pugnat dux henricus filius sce hedwigis cum thartaris in campo qd dicitur wolstat
Hic fert caput eiusdem ducis henrici filii sce hedwigis i lancea a thartaris ante castrum legnicz
Hic decollatur idem dux henricus filius sce hedwigis a thartaris cuius anima suscepta est in celum ab angelis
Hic vidit in sompnis beata hedwigis animam filii sui ducis henrici ducentem ab angelis in paradysum

Clara von Assisi

*** 1194 Assisi**
† 1253 Assisi

Die Heiligen Klara und Elisabeth, Giottoschule, Fresko, Assisi, S. Franceso, Unterkirche

Lichtumstrahlt sah Ortolana Offreduccio ihr Kind schon vor der Geburt. Die Tochter Clara wird sorgfältig erzogen, ist aber früh entschlossen, die reiche, adlige Familie zu verlassen und ihr Leben Gott zu weihen. Eine Predigt von Franziskus bestätigt sie – mit einer Freundin verlässt Clara heimlich das Elternhaus. In Portiuncula legt sie 1212 vor Franziskus feierlich die Gelübde von Armut, Keuschheit und Gehorsam ab, wird in ein raues Bußgewand gekleidet und lässt sich die schönen Haare ab-

Tod der Heiligen Clara, Bartolome Esteban Murillo, 1645/46

Die Klarissinnen nehmen Abschied von dem toten Hl. Franziskus, Giotto di Bondone, Fresko, Assisi S. Francesco, Oberkirche, um 1295/1300

Die Klosteranlage der Franziskaner in Assisi

schneiden. Franziskus war es, der den erfolgreichsten vorreformatorischen Versuch wagte, die Kirche durch strenge Askese im Geist des Evangeliums zu erneuern und Christus in Armut und Wanderpredigt zu folgen. Clara hatte vielleicht manchmal daran gedacht, zu reisen und an dem freieren Leben der Brüder teilzunehmen. Ihre Beziehung zu Franziskus ist zwiespältig – es gibt Historiker, die sie für ein Liebespaar halten. Doch die himmlische Liebe siegt – wie es eine der schönsten Legenden erzählt, nach der bei einem winterlichen Spaziergang der beiden plötzlich die Rosen im Schnee erblühen. Franziskus gründet für Clara und ihre Gefährtinnen den „Zweiten Orden der Armen Frauen“, der sich später Klarissinnen- oder Franziskanerinnenorden nennt und deren Regel Clara selbst verfasst. Die klösterliche Gemeinschaft in San Damiano, in die später auch ihre Mutter eintritt, wächst schnell. Clara wird Äbtissin und bald wird von Wundern und Heilungen berichtet. Als die Sarazenen 1240 die Stadt belagern, soll Clara die Angreifer mit dem Sakrament in die Flucht geschlagen haben. Im Garten von San Damiano schreibt der schwer kranke Franziskus seinen berühmten „Sonnengesang“. Er stirbt 1226 in Portiuncula, auch die fürsorgliche Pflege Claras konnte ihn nicht retten. Clara starb im Beisein von Papst Innozenz IV. und wurde 1255 heilig gesprochen. Im Kloster von San Damiano wachsen noch heute die Lilien, Veilchen und Rosen – Symbole der Reinheit, Demut und Liebe der Heiligen.

Elisabeth Landgräfin von Thüringen

* 1207 Saros Patak, Ungarn
† 17.11.1231 Marburg

Die Tochter von König Andreas II. von Ungarn und Gertrud von Andechs-Meranien wird als Vierjährige mit dem künftigen thüringischen Landgrafen Herrmann verlobt und auf die Wartburg bei Eisenach geschickt. Solche Kinderehen waren in Fürstenhäusern bis ins 18. Jahrhundert üblich – es ging dabei nicht um Liebe, sondern um politische Beziehungen und den Erhalt von Dynastien. Herrmann stirbt schon 1216, und mit gerade 14 Jahren wird Elisabeth die Frau seines Bruders Ludwig. Die jungen Leute lieben sich, bald kommt das erste Kind auf die Welt. Elisabeths Frömmigkeit fiel an dem eher weltlichen Hof auf. Von Franziskanern beraten, stiftet sie großzügig Hospitäler und verteilt Korn, wird aber wegen

Die Hl. Elisabeth, Ausschnitt aus: Der Lebensbaum der Franzikaner, flämischer Bildteppich, 1479

Der Handschuh der Hl. Elisabeth, Gemälde von Moritz von Schwind, 1856
Die Hl. Elisabeth schenkt einem Bettler einen kostbaren Handschuh, den ein Kavalier einzulösen im Begriff ist.

Die Hl. Elisabeth pflegt Kranke (li) und verteilt Brot an die Armen (re), Glasfenster, Elisabethkirche in Marburg, um 1235/49

ihrer bedenkenlosen Wohltätigkeit auch verleumdet. Sogar ihr Mann, erzählt die Legende, wird misstrauisch. Als er sie, einen Korb voller Brot tragend, auf dem Weg zu den Armen trifft und fragt, was im Korb sei, sieht er beim Aufdecken nichts als Rosen: Moritz von Schwind hat das „Rosenwunder" in den romantischen Wartburgfresken gemalt. Elisabeth war sicher eine unkonventionelle Frau, die die Probleme des feudalen Herrschaftssystems erkannte und mit ihren frommen Werken auch politische Verantwortung übernahm. War Ludwig auf Reisen, wie 1225 zum Hoftag von Cremona, regierte zu Hause Elisabeth, auch als der Landgraf mit Kaiser Friedrich II. in den Kreuzzug zog und 1227 in Italien starb. Ihr Schwager, Landgraf Heinrich Raspe, vertrieb sie mit den Kindern von der Wartburg, wies ihr dann aber Marburg als Witwensitz zu. Konrad von Marburg, der strenge päpstliche Ketzerverfolger, wird ihr Beichtvater und Berater. Elisabeth verschenkt den Großteil ihres Vermögens und lebt von ihrer Hände Arbeit. Ihre Tochter Sophie wird die Stammmutter des hessischen Fürstenhauses. 1235 wird Elisabeth von Papst Gregor I. heilig gesprochen. Über ihrem Grab entsteht die erste hochgotische Kirche Deutschlands.

Mildtätigkeit der
Hl. Elisabeth, Miniatur
von Nikolaus Glocken-
don, um 1529/30

Katharina von Siena

*** 1347 Siena**
† 29.4.1380 Rom

Die Hl. Katharina von Siena vor Papst Gregor XI., Giovanni di Paolo, um 1447/49

Gegenüberliegende Seite: Die mystische Hochzeit der Hl. Katharina von Siena, Gemälde von Fra Bartolomeo, 1511

Die Familie Benincasa, reiche Wollfärber in Siena, ist nicht erfreut, als die Tochter sich der geplanten Ehe verweigert. Schon mit sieben Jahren hatte Katharina die Gelübde der Armut und Jungfräulichkeit abgelegt. Sie arbeitet nun als einfache Magd und tritt mit 15 Jahren als Tertiarin in den Dominikanerorden ein. Raimund von Capua wird ihr geistlicher Vater. Bald dringt der Ruf ihrer asketischen Strenge wie ihrer Hingabe in der Krankenpflege nach draußen. Auch von Visionen und Wundern wird berichtet, konventionelle Devotion ist ihr jedoch fremd. Wegen ihrer mystischen Neigungen muss Katharina sich 1374 vor dem Generalkapitel der Dominikaner in Florenz verantworten. Doch die Mächtigen der Welt suchen ihren Rat. Katharina reist 1376 nach Avignon, um Papst Gregor XI. zur Rückkehr nach Rom zu überreden, auch beim Frieden von Florenz soll sie vermittelt haben. Unaufhörlich diktiert sie in ihrer Zelle Briefe, von tiefer Frömmigkeit wie vom Humanismus geprägt, in denen sie die Fürsten beschwört, Frieden zu bewahren und dem Papst gehorsam zu sein – Briefe, in denen sie auch von ihren mystischen Erfahrungen und vom Jenseits als der wahren Heimat spricht. Der einfache, ausdrucksstarke Stil macht ihre Briefe zu einem bedeutenden Zeugnis der Sprache des 14. Jahrhunderts. Das Licht der Vernunft braucht das Licht des Glaubens, schreibt sie in ihrem 1378 vollendeten Traktat „Libro della divina providenza“. Es ist der Dialog einer Seele mit Gott und behandelt die Frage der Erkenntnis Gottes und der Vorsehung. 1377 gründet sie das Kloster Belcaro, doch 1378 überredet Papst Urban VI. sie, nach Rom überzusiedeln. 1461 wird Katharina, heute Patronin Italiens, heilig gesprochen.

Christine de Pisan

*** 1365 Venedig**
† um 1430 Saint-Louis-de-Poissy/Frankreich

Die Tugenden Prudentia, Justitia und Rectitudine inspirieren Christine de Pisan zur Niederschrift der „Cité des Dames", franz. Buchmalerei, 15. Jahrhundert

Gegenüberliegende Seite: Christine de Pisan unterrichtet ihren Sohn, zeitgenössische Buchmalerei

Sie war die erste Frau, die von ihrer Schriftstellerei lebte, indem sie ihre Manuskripte abschreiben, illustrieren und verkaufen ließ. Sie war eine Dame der Gesellschaft und zugleich eine Gelehrte, die Dante und die antiken Philosophen las. Christines Vater, Thomas de Pisan, war ein bekannter Arzt und Astrologe. 1379 heiratet sie den Sekretär des Königs, Étienne Castel. Nach seinem frühen Tod 1389 ging sie weder ins Kloster, wie es damals üblich war, noch heiratete sie wieder, sondern erzog ihre Kinder alleine. „Mut, Vorsicht, Bescheidenheit, Weisheit und Gerechtigkeit" sollten sie lernen, und da es an Geld für Lehrer fehlte, schrieb sie „Das Buch der Vorsicht bei der Erlernung des sinnvollen Lebens" gleich selbst. Noch mehr Aufsehen erregte Christine, als sie mit 36 Jahren ihre „Epistel an den Liebesgott" veröffentlichte. Anders als Jean de Meung in seinem „Rosenroman", in dem die Frauen eher nur Sexualobjekte sind, wehrt Christine sich gegen diese Verachtung der Frau als „schwach, dumm und leichtsinnig". Sie begann, Geschichte zu studieren und entwarf in dem humanistisch-utopischen Roman „Das Buch von der Stadt der Frauen" eine neue Welt, in der Frauen regieren und Mädchen auf die Schule gehen. Sie schreibt auch eine unbestechlich genaue Chronik der Zeit Karls V. Enttäuscht von den politischen Wirren, zieht Christine sich später vom Hofleben zurück, erlebt aber noch die Befreiung von Orléans durch Jeanne d'Arc, der sie ein Lobgedicht widmete – als Friedensbringerin und Beweis für die weiblichen Fähigkeiten. Charles d'Orléans, Philipp der Kühne von Burgund, Henri Lancaster, Galeano Visconti und der Duc de Berry haben diese Frau, die mit ihren Romanen und Gedichten den besten Geist der frühen Renaissance verkörpert, gefördert und ihre Bücher gekauft.

Hedwig

*** 1370**
† 1399 Krakau

Ludwig I., der Große, von Ungarn aus dem Haus Anjou-Neapel hatte mit seiner Frau auch die Krone Polens geheiratet. Nun galt es, seinen Töchtern den Thron zu sichern. Maria, die ältere, wurde mit Sigismund von Luxemburg verheiratet, der so ungarischer König wurde – und später auch deutscher Kaiser. Hedwig (Jadwiga), die Jüngere, sollte in Polen herrschen und wurde schon in der Wiege mit Herzog Wilhelm von Österreich verlobt. Um die Zustimmung des polnischen Adels zur weiblichen Thronfolge zu erlangen, musste der König 1374 in Trachau weitgehende Zugeständnisse machen, zu denen auch Steuerfreiheit gehörte. Langfristig führten sie allerdings in Polen zu Wahlmonarchie.

Nach Ludwigs Tod wurde die 14-jährige Hedwig in Krakau zur Königin gekrönt. Sie war nun eine interessante Partie geworden, und als sich Herzog Jagello von Litauen um ihre Hand bewarb, wurde das erste Verlöbnis gelöst. Der gekränkte Wilhelm von Österreich machte noch einen verzweifelten Versuch, seine Braut zu entführen – doch die Polen wollten keinen deutschen Herrscher. 1386 wurden die Reiche Polen und Litauen durch die Heirat von Hedwig und Jagello vereint. Das mächtige Land konnte es nun auch mit dem Deutschen Orden aufnehmen, und mit den Ansprüchen, die Hedwigs Schwester, die ungarische Königin, stellte. Jagello war zum Christentum übergetreten, Hedwig hatte großen Anteil an der Christianisierung Litauens. Sie regte auch die polnische Übersetzung der Bibel an. Hedwig, die als sanft klug und hoch gebildet beschrieben wird, förderte auch die Krakauer Universität, die ihr Vater 1364 gegründet hatte, starb aber schon früh im Kindbett.

Jeanne d'Arc

*** 6.1.1412 Domrémy**
† 30.5.1431 Rouen

Schon zu ihren Lebzeiten haben die Wunder und Abenteuer der Jungfrau von Orléans die Phantasie der Menschen beschäftigt. „Sie ist die große Kriegsheilige des katholischen Kalenders, der wunderlichste Kauz unter den exzentrischen Gestalten des Mittelalters", schrieb George Bernhard Shaw, der ihr, wie auch Friedrich Schiller, ein Theaterstück widmete. Jeanne, später ein Mythos des Nationalismus und sogar von Napoleon bewundert, wurde, von der Inquisition der Hexerei und Ketzerei beschuldigt, Opfer eines grausamen Justizmords.

In Frankreich wütete der Hundertjährige Krieg mit England. Jeanne wächst auf dem Land in Lothringen auf. Fromm, brav und patriotisch besorgt sie den Haushalt und hütet das Vieh. Mit 13 Jahren hört sie den heiligen Michael, der ihr erklärt, dass sie für die Krönung Karls VII. sorgen müsse. Sie hört noch andere Stimmen und findet schließlich Mittel und Wege, 1429 nach Vaucouleurs zu reisen. Der Herzog von Lothringen erklärt sich bereit, sie zum König nach Chinon zu bringen. Unerschrocken berichtet sie dem Hof und den Geistlichen vom Auftrag der Himmelskönigin, die Belagerung von Orléans aufzuheben. Jeanne wird mit einer Rüstung ausgestattet und mit kleinem Gefolge in die belagerte Stadt geschickt: Orléans wird im Sturm genommen, Jeannes Mut und Unerschrockenheit feuern alle an. Nach weiteren Siegen wird Karl VII. zwei Monate später in Reims gekrönt. Der Mythos der unbesiegbaren Jungfrau war geboren.

Jeanne d'Arc
Buchillustration, um 1420

Doch sofort denken die Politiker daran, sich dieses unbequemen Mädchens, das in Männer-

Jeanne d'Arc leitet den Sturm auf Paris, (September 1429) Franz. Buchmalerei, um 1484

Ausfall aus dem von den Engländern belagerten Orléans (April/Mai 1429) Lithographie, 19. Jahrhundert

kleidern reitet und in keine Konvention passt, zu entledigen. Das wird nun von den Burgundern erledigt, die sie im Mai 1430 in Compiègne gefangen nehmen. Der König unternimmt nichts zu ihrer Befreiung. Nach langen Verhandlungen wird Johanna für ein riesiges Kopfgeld an die Engländer ausgeliefert. Im Januar 1431 wird schließlich der Prozess in Rouen eröffnet. Die Anklage lautet nicht auf politische Verbrechen, sondern auf Vergehen gegen Gott und das kanonische Recht. Jeanne glaubt immer noch an ihre Sendung, sie dürfe aber über die göttlichen Offenbarungen nicht sprechen, erklärt sie dem Gericht von 60 raffinierten Klerikern und Gelehrten. Ihr Glauben, ihre Lauterkeit und ihre Standhaftigkeit hätten jeden rühren müssen. Alle erhaltenen Dokumente zeugen von ihrer Menschlichkeit, Klugheit und Unerschrockenheit, aber auch von listiger Ironie. Vom strengen kirchlichen Standpunkt gesehen, waren einige ihrer Antworten allerdings unerhört. Hauptpunkte der Anklage waren die Stimmen und ihre Sendung, aber vor allem die Männerkleider. Das Urteil wird am 23. Mai verkündet, am Tag darauf wird Jeanne vor einen Scheiterhaufen geführt und öffentlich aufgefordert, abzuschwören. Da verlassen Jeanne die Kräfte – sie schwört ab, unter wütenden Protesten der Engländer, und wird zu lebenslanger Haft verurteilt. Nur wenige Tage später, wieder in unschicklichen Männernkleidern, erklärt sie, lieber sterben zu wollen als weiter in Fesseln zu bleiben. Am 30. Mai wird die Jungfrau auf dem Marktplatz von Rouen verbrannt. „Ich werde Euch vor Gott dafür verantwortlich machen", erklärt sie dem Ankläger Bischof Cauchon.

Jeanne d'Arc bei der Krönung Karls VII. in Reims am 17. Juli 1429, Federlithographie, um 1860

Hinrichtung durch die Engländer am 30. Mai 1431 in Rouen, kolorierter Holzstich, um 1860

1437 hat Karl VII. Paris zurückerobert. Der Mythos von der Jungfrau lebt im Volk weiter – es gab sogar Betrügerinnen, die als auferstandene Jeanne durch die Lande zogen. Der König, der seine Macht sichern musste, wollte seine Krönung nicht einer Hexe und Ketzerin verdanken und veranlasst 1450 eine Revision des Prozesses. Das wird zwar zu einer Farce, aber das Urteil wird schließlich 1456 aufgehoben. Heilig gesprochen wird Jeanne aber erst 1920 – und dann wegen der unsichtbaren himmlischen Stimmen, die sie gehört hatte, Heilige von Rundfunk und Telegrafie.

Isabella I. die Katholische

* 22.4.1451 Madrigal de las Altas Torres bei Avila † 26.11.1504 Medina del Campo

Überreichung eines Buches an Ferdinand und Isabella von Spanien, Holzschnitt, 1502

Durch die Heirat der dritten Tochter Johanns II. von Kastilien mit ihrem Vetter Ferdinand II. König von Aragon werden 1469 zwei Hoheitsgebiete unter einer Krone vereint. Es sollte ein Weltreich daraus werden. Mit ihren fünf Kindern hatte die Königin jedoch nicht viel Glück – der Thronfolger starb früh, Johanna galt als wahnsinnig und Katharina wurde von Heinrich VIII., dem protestantisch gewordenen englischen König, geschieden. Hellblond und mollig, besaß die strenge und nüchterne Isabella einen eisernen Willen, und wenn auch keine große Bildung, so doch starken politischen Instinkt. Nach der Proklamation zur Königin 1474 müssen innere Probleme, dazu Kriege mit Frankreich und Portugal bewältigt werden. Isabella und Ferdinand, ein perfekt funktionierendes Herrscherpaar im Sinne Macchiavellis, festigen die Macht bis 1479 und organisieren den wirtschaftlichen Aufschwung. 1490–92 wird Granada zurückerobert, die Königreiche neu organisiert.

1486 war ein tollkühner Seefahrer am Hof empfangen und abschlägig beschieden worden, 1492 gelingt es Kolumbus jedoch, die Königin zu überzeugen: Am 3. August brechen drei Karavellen mit 87 Mann von Palos in die neue Welt auf, um im März darauf ruhmreich mit sieben Indianern, Papageien, Gold und Perlen aus Westindien zurückzukehren. Drei Reisen folgen, man einigt sich in Tordesillas mit Portugal über die Grenzen der „Conquista", doch erst 1502 erkennt man, dass nicht Indien, sondern ein unbekannter Kontinent, Amerika, entdeckt wurde.

Isabella bewies Geschick in der Wahl gleich gesinnter politischer Berater: Kardinal Mendoza, der Mönch Hernando de Talavera und Kardinal Cisneros, Erzbischof von Toledo, seit 1507 unerbittlicher Großinquisitor. Trotz der Rechte der Cortes – der alte Adel wurde bald entmachtet – herrschte sie autoritär und schuf, indem sie die nationale Einheit auf die Glaubenseinheit stützte, eine Symbiose von Staat und Religion, die durchaus moderne, totalitäre Züge hat. Bei aller Frömmigkeit kam die Religion

Schale mit dem Wappen Ferdinands und seiner Gemahlin Isabella von Kastilien, spanisch-maurisch, um 1469/79

Die Übergabe von Granada, kolorierter Holzstich, 1889 *(unten)*

aber immer erst nach der Politik. Das mittelalterliche Spanien war relativ tolerant gewesen, Christen, Muslime und Juden hatten friedlich miteinander gelebt. Nach der Eroberung von Granada wurden nun die Juden vertrieben und die Muslime zwangsbekehrt. Seit dem Konkordat von 1482 war die spanische Kirche dem Staat unterworfen, doch schon 1481 hatte man in Kastilien die Inquisition wieder belebt. Vor allem der erste Großinquisitor Thomas de Torquemada nimmt die Bekämpfung der Ketzerei entschieden in die Hand. Mehr als 30 000 Menschen werden in den nächsten Jahren auf den Scheiterhaufen verbrannt – und die Inquisition bleibt bis 1834 bestehen.

Aber Isabella wollte auch das kulturelle Niveau des Landes heben – die Einfuhr von Büchern war zollfrei, Druckereien wurden gefördert, allerdings von der neu eingeführten Zensur kontrolliert. Die allerdings konnte nicht die Mode der Ritterromane verhindern, die Cervantes später im „Don Quijote" so verspotten sollte. Als letzte nationale Herrscher Spaniens vor den fremden Habsburgern erfreuten sich die „katholischen Könige" – so der von Papst Alexander VI. verliehene Ehrentitel – trotz aller Härte einer gewissen Beliebtheit beim Volk, wozu auch die schlichte Hofhaltung und die vielen Reisen von Hof zu Hof beitrugen.

Königin Isabella,
Gemälde von Madrazo,
19. Jahrhundert

Johanna die Wahnsinnige

*** 6.11.1479 Toledo**
† 12.4.1555 Tordesillas

Johanna die Wahnsinnige, Gemälde um 1495/96

Zur Hochzeit der Prinzessin, Tochter der Könige Isabella und Ferdinand, mit dem Sohn des deutschen Kaisers, Philipp dem Schönen von Burgund, bricht 1496 eine große Flotte auf. Ein mächtiger Sturm wird glücklich überwunden, aber das Schiff mit Johannas Gepäck versinkt. Als sie im niederländischen Arnemuiden an Land geht, ist Philipp noch im Krieg, doch bald wird in Antwerpen Doppelhochzeit gefeiert: Philipps Schwester Margarete heiratet Johannas Bruder Johann, der jedoch bald stirbt, wodurch Johanna plötzlich Thronfolgerin wird.

Der Frauenkenner Philipp war von dem schüchternen Mädchen mit den dunkel glühenden Augen nicht besonders entzückt, Johanna jedoch ist ihm gleich verfallen und leidet, weil er sie ständig betrügt. Diese krankhafte Eifersucht ist wohl Teil ihres „Wahnsinns". Die junge Frau findet wenig Gefallen am prächtigen Brüsseler Hofleben, erste Gerüchte über die schwierige Ehe dringen nach Spanien. Doch dann wird 1500 der spätere Kaiser Karl V. geboren. Johannas sechs Kinder sollten später über Europa herrschen: Eleonore, erst mit dem König von Portugal, dann mit Franz I. von Frankreich verheiratet, Isabella mit dem König von Schweden und Norwegen, Maria mit dem böhmischen König, Katharina mit dem König von Portugal, und Ferdinand, der Kaiser und König von Böhmen und Ungarn wird. 1501 zieht das Paar triumphal durch Spanien, doch als ihr Mann 1503 alleine zurückreist, ist Johanna verzweifelt. Als Isabella 1504 stirbt, erbt Johanna die Krone nur unter Vorbehalten – die Mutter zweifelte an der Zurechnungsfähigkeit ihrer willensschwachen Tochter. Doch die Cortes erkennen sie 1505 als Königin an. Von Krankheit ist nicht die Rede, denn Johanna ist nun zum Spielball der Machtpolitik zwischen ihrem Vater und ihrem Mann geworden.

1506 stirbt Philipp unerwartet in Burgos, verzweifelt und ruhelos zieht Johanna nachts mit dem Sarg durch die Lande. Die Berichte über die Königin sind höchst widersprüchlich – von Wutausbrüchen und resignierter Passivität bis zu Momen-

Ritterturnier in Anwesenheit Philipps des Schönen und seiner Gemahlin Johanna von Kastilien, Gobelin, Brüssel, um 1496

ten entschlossenen Handelns ist die Rede. Es fehlte ihr nicht an Intelligenz und Sensibilität, sie war sprachbegabt und musikalisch, doch nun bleibt Johanna krank in La Mota. Gab es Streit mit dem Vater, will, kann oder darf sie nicht reisen? Ferdinand sorgt jedenfalls für negative Berichte – von 1509 bis zum Tod wird sie in Tordesillas eingeschlossen und völlig isoliert, obwohl offiziell immer noch Königin. Es ist fast ein Staatsstreich, als Karl V. sich in Brüssel zum König von Kastilien und Aragonien ausrufen lässt, nur einmal hat er seine inzwischen apathische Mutter besucht. Das Volk vergaß die Königin nicht und weigerte sich, an Wahnsinn oder Verhexung zu glauben, Delegationen wurden jedoch von den tyrannischen Wärtern und den Geistlichen, die an ihrer Frömmigkeit zweifelten, nicht vorgelassen. Auch die Proteste der nach Philipps Tod geborenen Tochter Katharina, die lange ihre grausame Gefangenschaft teilte, halfen nichts. Johanna war wahrscheinlich schizophren, aber vor allem das Opfer von Lieblosigkeit und Herrschsucht ihrer Familie.

Lucrezia Borgia

* 18.4.1480 wahrscheinlich Rom
† 24.6.1519 Ferrara

Gegenüberliegende Seite: Lucrezia Borgia, Gemälde von Bartolomeo da Venezia

Es gab wohl kein Laster und kein Verbrechen im Italien des 15. Jahrhunderts, das nicht den Borgia angelastet wurde. Der aus Spanien stammende Borgia-Papst Calixtus IV. hatte seinen Neffen zum Kardinal gemacht – 1492 wurde er zum Papst Alexander VI. gewählt. Unter seinen mindestens sieben Kindern waren der skrupellose Cesare, erst Kardinal, später Condottiere, und Lucrezia. Aufgewachsen ist sie wohl im Palast ihrer Mutter Vannozza Catanei und später bei Adriana Orsini, deren Schwiegertochter Giulia Farnese ein Verhältnis mit Alexander VI. hatte. Lucrezia war ein lebhaftes und zierliches junges Mädchen, wie es uns ein zauberhaftes Porträt von Pinturicchio überliefert. Sie erhielt eine gelehrte Erziehung, zu der Griechisch, Latein und Französisch gehörten. Auch politische Aufgaben bekam sie später von ihrem Vater übertragen, sie war 1499 Gouverneurin der päpstlichen Festung Spoleto, an der noch heute das Borgia-Wappen mit dem Stier zu sehen ist. 1501 machte der Papst sie gar zu seiner Stellvertreterin. Er hatte ehrgeizige Pläne für seine Tochter. 1491 wurde sie fast gleichzeitig mit zwei spanischen Adligen verlobt, um im Jahr darauf eine politisch für die Familie wichtigere Ehe mit dem Grafen von Pesaro, Giovanni Sforza, zu schließen, die jedoch 1497 geschieden wurde, weil sich die politischen Verhältnisse geändert hatten. Ihr neuer Mann wurde 1498 der Herzog Alfons von Bisceglie, Sohn des Königs von Neapel, der 1500 im Auftrag von Lucrezias Bruder Cesare ermordet wurde. War es Eifersucht oder Politik? Es bleibt ein Geheimnis, wie vieles in der Geschichte der Borgia. Lucrezia hatte ihren Mann geliebt, doch schon wieder wurden neue Heiratspläne geschmiedet. Ein Angebot der Orsini fand man nicht passend, es sollten die Este sein, eines der ältesten Adelsgeschlechter Italiens. Allerdings wurde lange gepokert, denn Lucrezia war Alfonso I. von Este nicht gut genug. Erst nach peinlichen Feilschereien um die Höhe der Mitgift und mit Unterstützung des französischen Königs zog Lucrezia Anfang 1502, begleitet von 200 Reitern, 120 Mauleseln und zahlreichen Wagen, mit der reichen Mitgift gen Ferrara. Gefragt hatte man sie wohl wieder nicht. Immerhin bescheinigte der Gesandte Ferraras seiner übel beleumdeten neuen Fürstin „Bescheidenheit, Lieblichkeit und Sittsamkeit“, man habe von ihr wohl „nichts Schlimmes zu argwöhnen“. Der Empfang in Ferrara, damals eine reiche Großstadt mit einer berühmten Universität, war glanzvoll. Langsam gewöhnt sich Lucrezia an die neue, nicht immer freundliche Umgebung. Erst 1508 wird der Erbprinz Ercole II. geboren, der später Renate von Frankreich, eine Tochter Ludwigs XII., heiratet. Der zweite Sohn Ippolito wurde Kardinal und baute in Rom die Villa d’Este. Lucrezia zog die Humanisten Strozzi und Bembo und den Dichter Ariost an den Hof und machte Ferrara zum kulturellen Zentrum.

Margarethe von Navarra

* 11.4.1492 Angoulême
† 21.12.1549 Odos-en-Bigorre (Gascogne)

Bildnis von Margarethe von Navarra im Alter von 52 Jahren, zeitgenössischer Holzschnitt

Titelblatt der Erstausgabe von „Heptameron des nouvelles", 1559

Die ältere Schwester des französischen Königs Franz I. heiratete nach dem Tod ihres ersten Mannes, des Herzogs von Alençon, 1527 Henri II. de Béarn, König des kleinen Pyrenäenreiches Navarra. Ihr Enkel Heinrich IV. wurde 1594 König Frankreichs. Mit ihren beiden nur aus politischem Kalkül geschlossenen Ehen war Margarethe nicht glücklich. Sie lebte meist am Hof ihres Bruders und später in ihrem Schloss Nérac. Sie ist eine der wenigen, die nach der verlorenen Schlacht von Pavia zum König hält – aber auch ihre Reise nach Madrid 1527 konnte Franz I. zunächst nicht aus der Gefangenschaft Kaiser Karls V. befreien.

Die liebenswerte „Mutter der Renaissance" widmet sich nun ganz ihren Studien der Kunst und Wissenschaften, der Dichter Clément Marot wurde ihr Sekretär. Tolerant setzt Margarethe sich für Reformation und religiöse Verständigung ein, gewährt Protestanten Asyl und engagiert sich für verfolgte Schriftsteller – sie selbst wurde übrigens auch von den Theologen der Sorbonne zensiert. In ihren Werken verbindet sie den Humanismus der Renaissance mit dem Aufbruch der Reformation, charmante Leichtigkeit des Stils mit tiefer Empfindung. Sie schrieb mystisch-religiöse Gedichte und fromm-visionäre Mysterien ebenso wie die munter-frechen Geschichten des erst 1559 nach ihrem Tod gedruckten „Heptameron", des „Sieben-Tage-Buchs", das an Boccaccios „Decameron" anknüpft. Es ist ein Novellenzyklus über Liebe und Moral, in dem eine vom Unwetter aufgehaltene, vornehme Gesellschaft 72 erstaunliche Geschichten erzählt und diskutiert. Von aktuellen und historischen Ereignissen ist die Rede, einige Personen sind – verschlüsselt – Verwandte und Freunde der Königin. Margarethe war auch die erste, die Theaterstücke in französischer Sprache schrieb.

Teresa von Avila

* 28.3.1515 Avila
† 4.10.1582 Alba de Tormes

Die Verzückung der Hl. Teresa von Avila, Giovanni Bernini, 1644/47

Teresa de Cepeda y Ahumada stammte aus einer adligen Familie Die Lieblingsbeschäftigung des Kindes war die Lektüre von Heiligenlegenden und Ritterromanen: Sie fängt gleich an, einen zu schreiben und will ihn selber erleben, als sie, siebenjährig, mit ihrem Bruder von zu Hause wegläuft, um unter Heiden den Märtyrertod zu suchen. Nach dem Tod der Mutter kommt Teresa zur Erziehung ins Kloster und tritt dann 1534 in das Karmelitinnenkloster de la Encarnación in Avila ein, dessen Priorin sie 1571 wird. Mit leidenschaftlichem Engagement reformiert sie überall im Land den Orden. 1562 wird das Kloster der Unbeschuhten Karmelitinnen San José in Avila gegründet, insgesamt 17 Neugründungen gehen auf sie zurück. Doch sie bekommt Schwierigkeiten mit der Inquisition und wird 1578 nach Toledo verbannt. Nach ihrem Tod erkennt man ihre religiöse Inbrunst wie ihren reformatorischen Eifer – 1622 wird Teresa heilig gesprochen.

Teresa war ebenso weltgewandt und praktisch wie von mystischer Frömmigkeit. Ihr Hauptwerk „El castillo interior o Tratado das Moradas“ beschreibt in poetischer Bildersprache die Burg mit den sieben Wohnungen der Seele und den mystischen Weg zur Vereinigung mit Gott. Von großem Einfluss ist Johannes vom Kreuz, der Beichtvater der Karmelitinnen wird und mit Teresa nimmermüde durch das Land reist, um Klöster zu gründen. Auch er später heilig gesprochen, war ein bedeutender Mystiker. „Man kann mit Pater Johannes nicht über Gott reden, weil er sofort in Ekstase gerät und auch andere hineinreißt“, hat Teresa fast heiter ihre religiösen Gespräche beschrieben. Die Legende berichtet, dass das Göttliche so stark war, dass beide sich beim Meditieren von der Erde lösten. In einem erfüllten Leben hat Teresa die Synthese von vita contemplativa und vita activa gefunden.

Katharina Medici

*** 13.4.1519 Florenz**
† 5.1.1589 Blois

Für die Franzosen war sie immer die gehasste Ausländerin, eine Bürgerliche dazu, kritisierte man, obwohl ihre Mutter, Madeleine de la Tour d'Auvergne, aus der königlichen Bourbonenfamilie stammte und ihren Mann, Lorenzo Medici, Herzog von Urbino, in Amboise geheiratet hatte. Beide Eltern starben wenige Tage nach der Geburt von Katharina, das Baby wird zum Großonkel, Papst Leo X., nach Rom geschickt. Mit sechs Jahren kommt sie zur Erziehung ins Kloster Le Murate nach Florenz, wo sie während der Aufstände und der Belagerung Roms 1527 wie eine Geisel gefangen gehalten wird. Der neue Papst Clemens VII., Giulio Medici, schmiedet große Pläne für seine Nichte. Eine riesige Flotte mit purpurnen Segeln bringt Katharina 1533 als Braut von Henri d'Orléans, dem zweiten französischen Königsohn, nach Marseille. Der Papst-Onkel überzeugt sich persönlich am Morgen nach der Hochzeit vom Vollzug der Ehe. Dem König gefiel seine neue Schwiegertochter,

Hofball im Louvre, unter dem Baldachin Katharina Medici und ihr Sohn König Heinrich III., zeitgenössiches Gemälde

Katharina Medici,
zeitgenössisches
Gemälde

nicht jedoch Henri, der sich die Zeit lieber mit seinen Mätressen vertrieb, von denen Diane de Poitiers die einflussreichste wurde. Franz I. und seine Schwester Margarethe von Navarra schätzten die gebildete junge Frau, oft ging man gemeinsam auf Jagd, und Katharina war es, die den praktischeren Amazonensattel in Frankreich einführte, aber sie lebt meist allein auf Schloss Chaumont. Da die Ehe kinderlos blieb, wurde ein Familienrat einberufen, bei dem auch Diane de Poitiers nicht fehlte. Henri wurde an seine dynastische Pflicht erinnert – im Lauf der nächsten Jahre brachte Katharina 10 Kinder auf die Welt. Henris älterer Bruder starb 1536, beim Tod von Franz I. wurde er 1547 der neue König Frankreichs.

Wie viele Menschen damals war Katharina abergläubisch. Im Turm von Chaumont lebte ihr Astrologe Ruggieri. Mit ihm soll sie in einem großen Spiegel die zukünftigen Herrscher Frankreichs gesehen haben – in schneller Folge ihre drei Söhne und schließlich den Protestanten Heinrich von Navarra – Katharina wurde ohnmächtig. Doch zunächst kam die Zeit der Feste. Katharinas Tochter Elisabeth wurde mit Philipp II. von Spanien verheiratet, der Sohn Franz mit der schönen Maria Stuart. Bei allem höfischen Glanz konnte man aber nicht vergessen, dass Frankreich ständig im Krieg lag; zerstörerisch waren vor allem die Hugenottenkriege im eigenen Land, zwischen den Protestanten unter Coligny und den von Diane de Poitiers favorisierten katholischen Guisen. Nachdem Henri II. überraschend bei einem Turnier starb, wurde der junge, nicht sehr fähige Franz II. König, der unter dem Pantoffel seiner Frau und der Guisen stand. Nach seinem frühen Tod musste Katharina die Regentschaft für den zehnjährigen Karl übernehmen. Nur noch in schwarzer Witwentracht seit dem Tod ihres Mannes, den sie trotz aller Zurücksetzung liebte, zeigte sie sich als fähige, den Frieden suchende Herrscherin, die Justiz und Verwaltung reformierte und sich anfangs auch mit den Protestanten versöhnen wollte. Als erste französische Herrscherin wohnte sie im Louvre und begann mit dem Bau der Tuilerien. Da ihr Ruf aber nun einmal schlecht war, gab es keine Missetat, die ihr nicht angelastet wurde. Sicher trägt sie jedoch Mitschuld an der grauenhaften Bartholomäusnacht, bei der 1572 tausende von Protestanten hingemetzelt wurden. Ihr Schwiegersohn, der spätere König Henri IV., entkam nur mit Hilfe seiner Frau Marguerite. 1585 legte Katharina die Staatsgeschäfte nieder – eine kluge und liebenswürdige, wenn auch oft schwierige und launische Frau, die kein Glück mit ihren Kindern hatte.

Louize Labé

* um 1524 Lyon
† 25.4.1566 Lyon

Louize Labé, zeitgenössischer Kupferstich

Lyon war im 16. Jahrhundert eine reiche Stadt und größer als Paris, weltberühmt für seine Seidenindustrie und eine wichtige Station auf dem Weg nach Italien. Hier wächst Louize Labé als Tochter eines vermögenden Seilers auf und heiratet um 1540 den ebenfalls reichen Seiler Ennemond Perrin, was ihr den Beinamen „die schöne Seilerin“ einbringt. Louize genoss eine liberale und polyglotte Erziehung. Sie liebt Pferde und Waffen, doch vor allem die Literatur, denn „die Reize des Studiums sind kostbarer als Schmuck und prächtige Kleider“. Bei der Belagerung von Perpignan 1542 soll sie als Kavalier unter dem Namen Kapitän Loys gegen die Spanier gekämpft haben – sie sei einem Mann gefolgt, den sie liebte oder habe sich sogar in den späteren König Heinrich II. verliebt, berichtet der Klatsch von Lyon, der das muntere Treiben der Dichterin missbilligt – von dem sogar der strenge Reformator Calvin erfährt und Louize als Kurtisane verurteilt. Sicher ist, dass sie aus ihrem Haus in Lyon einen Musenhof machte, in dem sich die bedeutenden Geister der Zeit treffen, darunter auch der berühmte Dichter Maurice Scève und Olivier de Magny, mit dem sie eine enge Freundschaft verband. Entschieden forderte sie das Recht der Frau „ihren Geist über den Spinnrocken zu erheben“. Trotzdem soll sie wunderschön gestickt haben, noch mehr bewundert wurde jedoch ihr Lautenspiel. Ihre Sonette einer leidenschaftlichen, unerfüllten Liebe sind sehr persönlich und empfindsam, weniger formal als die Lyrik ihrer Zeitgenossen, von zarter Reinheit der lyrischen Sprache – beeinflusst von Dante und Petrarca, aber in einem ganz eigenen Ton, dessen „sublime Aufrichtigkeit“ noch Paul Eluard bewunderte und der Rainer Maria Rilke anregte, ihre Gedichte zu übersetzen. 1555 veröffentlicht, markieren sie den Beginn der französischen Renaissancelyrik. Ihr zweites Hauptwerk, „Débat de Folie et d’Amour“, ist ein Dialog in humanistisch-allegorischer Tradition zwischen dem blinden Amor und der Torheit. Nach dem Tod ihres Mannes zog Louize sich auf ihr Landgut in Parcieu zurück, ihr Stadthaus vermachte sie den Armen.

Elisabeth I. Königin von England

*** 7.9.1533 Greenwich**
† 24.3.1603 Richmond

Anna Boleyn war die zweite Frau Heinrichs VIII., und nachdem er sie 1536 hinrichten ließ, wurde ihre Tochter erst einmal als illegitim von der Thronfolge ausgeschlossen. 1544 wurde Elisabeth zwar vom Parlament wieder in die Thronfolge eingereiht, doch sollte dieses Schicksal zunächst nicht nur zum persönlichen Trauma, sondern auch zu politischen Wirren führen. Elisabeth wurde im Geist des Protestantismus erzogen, ständig von ihrer katholischen Halbschwester Maria bekämpft, die aber nicht verhindern konnte, dass nach ihrem Tod Elisabeth am 17.11.1558 den Thron bestieg. Sie wollte Frieden, Wohlstand und Toleranz und sorgte vor allem, von Sir William Cecil, dem späteren Lord Burghley, beraten, für Stabilität und geordnete Finanzen. Handel und Schifffahrt blühten, innenpolitisch gab es Ansätze für eine soziale Gesetzgebung, der reformierte Katechismus wurde eingeführt, womit der Anglikanismus und die königliche Suprematie ihre größtenteils noch heute gültige Ausprägung fanden. Francis Drakes Fahrten um die Welt legten den Grundstein zum britischen Kolonialreich, im Zuge der überseeischen Expansion deckte Elisabeth aber auch Piratenaktionen gegen spanische Schiffe.

Königin Elisabeth im Parlament, Kupferstich, 17. Jahrhundert

Gegenüberliegende Seite: Elisabeth I., Porträt von Marcus Geeraerts d.J., 1588

Immer wieder zur Ehe gedrängt – fürstliche Heiratskandidaten gab es genug, einschließlich Philipp II. von Spanien – erklärte Elisabeth dem Parlament, als jungfräuliche Königin sterben zu wollen. Mit Liebschaften allerdings hielt sich die „Virgin Queen" nicht zurück, und sie hatte keine Skrupel, dass ihr Liebhaber Sir Walter Raleigh die neu eroberte amerikanische Provinz nach ihr Virginia nannte. Stürmisch waren die Beziehungen mit den

Königin Elisabeth I. hält Heerschau angesichts der spanischen Armada 1588, Gemälde von Ferdinand Piloty d.J., 1861

Grafen Essex und Leicester; Essex, der einen Aufstand angezettelt hatte, ließ sie 1601 wegen Hochverrat hinrichten.

Der berüchtigte Streit mit der schottischen Königin Maria Stuart hatte private wie religiöse Gründe. Gefangen auf der Festung Fotheringhay soll Maria an einem geplanten Mordanschlag auf Elisabeth beteiligt gewesen sein. Die Königin zögerte lange, bis sie das Todesurteil unterschrieb – sie ahnte wohl die Folgen. Die Bürger Londons feierten Freudenfeste nach der Hinrichtung 1586, doch der Papst schickte seinen Bannstrahl nach England und Philipp II. von Spanien die Armada, die aber 1588 von den britischen Schiffen vernichtend geschlagen wurde. Elisabeth herrschte nun unangefochten an der Spitze einer protestantischen Großmacht, als Nachfolger musste sie allerdings Jakob, den Sohn Maria Stuarts, anerkennen.

Die Königin war klug und gebildet, aber auch eitel und launenhaft und ebenso zielbewusst wie egoistisch. Sie bewahrte jedoch in Konflikten oft Menschlichkeit und besaß Sinn für *fair play*. Auf ihren Porträts sehen wir sie in goldglänzenden Roben mit prunkvollen Edelsteinen, sie verstand es, eine glanzvolle Rolle am Hof zu spielen und in vielen Sprachen diplomatische Verhandlungen zu führen – aber auch, wie viele Besucher erstaunt berichteten, kräftig zu fluchen. Die Königin fand, dass die Etikette ihretwegen – und nicht sie wegen der Etikette da war. So erklärte sie dem venezianischen Gesandten selbstbewusst: „Mein Geschlecht kann mein Prestige nicht mindern". Sie war eine Frau, die selbst bestimmen wollte. Das nach ihr benannte „Elisabethanische Zeitalter" glänzte auch in den Künsten und war mit William Shakespeare die goldene Zeit der englischen Literatur.

Maria Stuart

* 8.12. 1542 Linlithgrow/Schottland
† 8.2. 1587 Fotheringhay/England

Bildnis als Königin von Frankreich, Gemälde von Serrur, 16. Jahrhundert

Nur wenige Tage nach der Geburt seiner Tochter Maria stirbt Jakob V. von Schottland – das Baby erbt die Krone, Regentin wird ihre Mutter Maria von Guise. Mit sechs Jahren wird das Kind zur Erziehung an den französischen Hof geschickt und 1558 mit dem Sohn des Königs verheiratet, der 1559 als Franz II. König wird. „Maria braucht nur zu lächeln, um allen Franzosen den Kopf zu verdrehen“, schreibt Katharina von Medici, die der Schwiegertochter zur prunkvollen Hochzeit sieben riesige Perlen schenkt, die sie selbst von Papst Clemens bekommen hatte – sie gehören heute zu den englischen Kronjuwelen. Maria hatte keine Lust, sich mit langweiligen Staatsgeschäften abzugeben, doch der kränkliche und nicht sehr begabte Franz stirbt schon 1560 und sie kehrt nach Schottland zurück. Als junge katholische Königin muss sie sich nun mit den militanten Kalvinisten im eigenen Land und mit einer mächtigen Gegnerin, Elisabeth I., auseinander setzen, denn Frankreich und Spanien unterstützen Maria Stuarts Ansprüche auf den englischen Thron. 1565 heiratete sie Lord Darnley und drei Monate nach seinem Tod den des Mordes

Maria Stuart mit ihrem zweiten Gatten Lord Darnley, zeitgenössischer Kupferstich

Gerichtsverhandlung gegen Maria Stuart im Schloss Fotheringhay am 14./15. Oktober 1586 (li), Hinrichtung Maria Stuarts in Fotheringhay am 8. Februar 1587 (re), Federzeichnungen aus den Papieren von Robert Beale, Geheimschreiber der Königin Elisabeth I.

an Darnley verdächtigen Grafen Bothwell. Das war zu viel für den protestantischen Adel Schottlands, 1567 erhoben sie sich und setzten Maria ab.

Es war wohl nicht die beste Idee, nach England zu fliehen – Elisabeth I. verweigerte Maria jede Hilfe, erkannte aber ihren und Darnleys kleinen Sohn als schottischen Thronfolger an – nach Elisabeths Tod wird Jakob 1603 auch englischer König. Maria Stuart wurde in England mehr oder weniger gefangen gehalten. Da sie ständig konspirierte, um Elisabeth abzusetzen und die Gegenreformation in England einzuführen, erließ das Parlament auf Veranlassung von Lord Burghley ein Antiverschwörungsgesetz. Die schottische Königin wurde schließlich 1586 zum Tode verurteilt und 1587 hingerichtet. Für die katholischen Zeitgenossen war Maria eine Märtyrerin, für die Protestanten eine verführerische Intrigantin – der Konflikt der beiden Königinnen hat noch Jahrhunderte später die Dichter beschäftigt.

Maria Ward

* 23.1.1585 Mulwith/Yorkshire
† 30.1.1645 Hewarth/Yorkshire

Maria Ward als Pilgerin,
Gemälde, 18. Jahrhundert

Die adlige Familie gehörte zu den Anhängern Maria Stuarts und muss nun ungern der protestantischen Königin Elisabeth I. folgen. Tochter Maria schlägt alle standesgemäßen Bewerber aus und will gegen den Willen ihrer Eltern ins Kloster gehen. Mit 21 Jahren verlässt sie England und tritt als Laienschwester bei den wallonischen Klarissinnen von St.-Omer ein. In den folgenden Jahren gründet sie mehrere Klöster in Belgien, zunächst für Engländerinnen, erkennt jedoch, dass die Regeln der Jesuiten ihren Idealen gemäßer sind. Die eigentliche Aufgabe der „Englischen Fräulein" sollte dann aber die Mädchenerziehung werden. Sie findet Helfer – aber auch Kritiker – zu Hause und in Rom. Maria beschließt 1621, selbst den Papst aufzusuchen, um ihn von der Wichtigkeit ihrer Berufung zu überzeugen. Gregor XV. empfängt sie, ist jedoch zurückhaltend, zumal der englische Klerus eine Rufmordkampagne gegen ihre Pläne angezettelt hat. Sie bekommt jedoch die Erlaubnis, in Rom und später in Neapel eine Mädchenschule zu eröffnen. Da jedoch die Schwierigkeiten mit den etablierten Kirchenfunktionären nicht aufhören, reist Maria Ward 1626 zurück. Kurfürst Maximilian I. empfängt sie freundlich in München, sie bekommt ein Haus und darf eine Schule einrichten, auch in Wien und Preßburg werden Niederlassungen gegründet. Noch zweimal fährt Maria, vorübergehend als „Ketzerin" verhaftet und von der Inquisition bedroht, nach Rom, um ihr Lebenswerk zu retten. Die Kirche stellt sie, ähnlich wie gleichzeitig den Wissenschaftler Galileo Galilei, auf raffinierte Weise kalt. Eine Frau, die Klöster ohne Klausur für geistig selbständige Frauen gründet, und Schulen, in denen „ohne Zwang und mit Freude" gelernt wird – das ist für diese Zeit unerhört. Doch die Schulen dieser Frau, die ohne Geld und männliche Protektion, aber mit Enthusiasmus, Gläubigkeit und Organisationstalent unermüdlich durch Europa reiste, gibt es noch heute.

Aus dem Leben der Maria Ward

Marquise de Sévigné

*** 5.2.1626 Paris**
† 18.4.1696 Grignan/Drôme

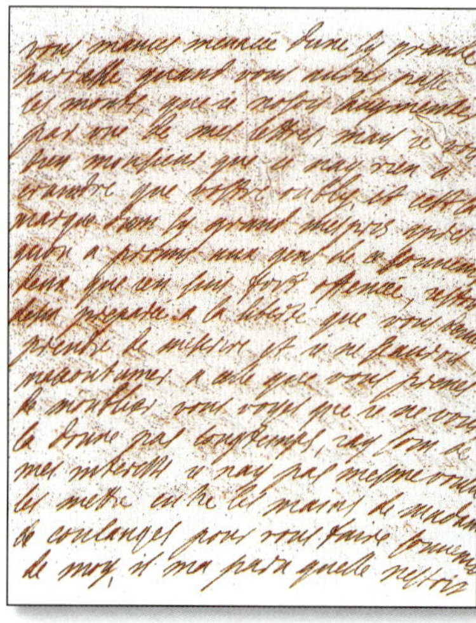

Brief an den Abbé Le Tellier, 21. Oktober 1667

Marie de Rabutin-Chantal verlor früh die Eltern und wurde von ihrem Onkel, dem Abbé Philippe de Coulanges, erzogen. Mit 18 vermählt sie sich mit dem Marquis de Sévigné, der bald in einem Duell getötet wird. Sie heiratet nicht wieder, widmet sich ganz der Erziehung ihrer beiden Kinder und lebt auf ihrem Schloss des Rochers in der Bretagne. 1654 kehrt sie nach Paris zurück und spielt eine herausragende Rolle in den literarischen Salons. Sie schließt Freundschaften mit Madame de La Fayette, de la Rochefoucauld und Kardinal Retz. Als ihre geliebte Tochter den Comte de Grignan heiratet und in die Provence zieht, schreibt sie ihr zweimal wöchentlich. Diese Briefe zeigen ein überragendes literarisches Talent und sind gleichzeitig ein einmaliges Dokument ihrer Zeit. Madame de Sévigné entpuppt sich als witzige Reporterin der aristokratischen Welt, die amüsant über Klatsch, Hofbälle und neue Moden plaudert, aber auch über die politische Entwicklung gut informiert ist. Freimütig gesteht sie, Descartes nicht zu verstehen und lieber die antiken Klassiker zu lesen, doch sie zeigt sich aufgeschlossen gegenüber den neuen Ideen der Jansenisten und besitzt ein sicheres Urteil über die Literatur und das Theater ihrer Zeit. Ihre Briefe gehen von Hand zu Hand und werden bald nach ihrem Tod veröffentlicht. Sie lesen sich wie der spannende Roman der Epoche Ludwigs XIII., erzählen von Mutterliebe und einer klugen, unabhängigen Frau. In ihrem Stil verbinden sich Spontaneität und Wärme mit kühner Eigenwilligkeit und einer meisterhaften Beherrrschung der Sprache.

Marquise de Sévigné, Kupferstich von Gabriel-Louis Lestudier-Lacour

Christina von Schweden

*** 17.12.1626 Stockholm**
† 19.4.1689 Rom

Die schwedische Königin ist eine der rätselhaftesten Frauen der Weltgeschichte: Die Tochter König Gustav Adolfs, der im Dreißigjährigen Krieg so siegreich für die Sache der Reformation gefochten hatte, konvertiert zum Katholizismus und verzichtet auf den Thron. Drei tote Kinder hatte ihre Mutter Maria Eleonora von Brandenburg geboren, bis endlich Christina gesund auf die Welt kam und zunächst für einen Jungen gehalten wurde. „Sie dürfte klug werden, da sie uns alle getäuscht hat", meinte der Vater zu seinem einzigen Kind. Es war keine sechs Jahre alt, als Gustav Adolf in der Schlacht von Lützen fiel, und wurde nun „Gewählte Königin". Die Regentschaft übernahm der Reichstag, der sich auch um ihre Erziehung kümmerte. Liebe und Freundschaft standen allerdings nicht auf dem Stundenplan; der mächtige Kanzler Axel Oxenstierna unterrichtet sie selbst in Regierungskunst und die sprachbegabte Christina lernt schnell. Die wenig beliebte Königinmutter wurde auf Schloss Gripsholm verbannt; bei ihrem Onkel, dem Pfalzgrafen Johann Kasimir, und seiner Frau Katharina darf Christina nicht lange bleiben. Das junge Mädchen mag ihren Sohn Karl Gustav, doch obwohl sie sich später weigert, ihn zu heiraten, bestimmt sie ihn zum Nachfolger. Unerwidert allerdings bleibt ihre Liebe zu Magnus de la Gardie, den sie zum Kommandanten der Leibwache macht und der Karl Gustavs Schwester, ihre Freundin, heiratet. Eine neue Freundschaft mit Ebba Sparre bringt Christina, die nie Wert auf elegante weibliche Kleidung legt, in den Ruf, lesbisch zu sein. Sie sei frei geboren und dulde keinen Mann als Herrn, erklärt sie zum Schrecken aller.

Königin Christina, Gemälde von Sébastien Bourdon, 1652

Mündig geworden, setzt Christina sich entschieden für den Abschluss der Friedensverhandlungen in Westfalen ein, die 1648 endlich den

Dreißigjährigen Krieg beenden. Sie holt viele gebildete Franzosen an den Hof, darunter auch den Philosophen René Descartes, der eine Akademie gründet, aber im kalten Norden bald stirbt. Die franzosenfreundliche Politik und ihr unkonventionelles Auftreten führen jedoch zu Differenzen mit Oxenstierna. 1650 wird Christina gekrönt – obwohl sie schon länger an Abdankung denkt und sich auch vom bigotten Luthertum des Hofes entfernt. Konspirativ bereitet sie ihre Konversion vor und dankt schließlich 1654 ab. Unter falschem Namen und in Männerkleidern verlässt sie Schweden und tritt Weihnachten in Brüssel zum katholischen Glauben über. Wie in einem Triumphzug reist Christina weiter nach Rom, wird in Paris am Hof Ludwig XIV. gefeiert, wo man zwar irritiert über ihre schlampige Kleidung, aber fasziniert von ihrer Bildung ist. Mit Mazarin wird gleich wegen der Krone Neapels verhandelt, später bemüht Christina sich auch um Polen. Sie kann das Spiel mit der Politik nie lassen, wird aber immer enttäuscht, auch als sie beim Tod Karl Gustavs wieder nach Schweden reist. Ständig von Geldsorgen geplagt, sind ihr nur wenige Freunde wie Kardinal Azzolino geblieben; die Päpste erweisen ihr alle Ehre, finden sie aber eine allzu unkonventionelle Katholikin. In ihren letzten Jahren widmet Christina sich ihren literarischen Interessen, schreibt eine Autobiographie, gibt glanzvolle Feste, legt eine bedeutende Kunstsammlung an und fördert Musiker wie Corelli und Scarlatti. „Ich liebe den Sturm und fürchte die Stille", erklärte einmal diese fähige und mutige Frau, die keine Vorurteile kannte und in ihrer Zeit nicht den richtigen Platz fand.

Madame de La Fayette

*** 18.3.1634 Paris**
† 25.5.1693 Paris

Die charmante und gebildete Marie Madeleine Pioche de la Vergne war eine der glanzvollsten Gäste des literarischen Salons im Hôtel de Rambouillet. 1655 heiratet sie den Comte de La Fayette und zieht mit ihm in die Auvergne, zwei Söhne werden geboren. Doch bald ist Madame, ohne ihren Mann, wieder zurück in Paris; zur Ehrendame von Henriette Duchesse d'Orléans ernannt, spielt sie nun eine bedeutende Rolle am Hof Ludwigs XIV. und in ihrem eigenen Salon, in dem La Fontaine, Corneille und Madame de Sévigné verkehren. Ihre ersten literarischen Versuche huldigen dem Geist der Zeit, doch schon in „Zaide" kündigt sich ein ganz neuer, eigener Ton an. „La Princesse de Clèves", ihr Hauptwerk, 1678 unter Pseudonym erschienen, gilt als der erste moderne psychologische Roman, der gleichzeitig ein subtiles Bild der höfischen Gesellschaft zeichnet. Das Buch stellt freimütig und wohl mit autobiographischem Hintergrund die Verwirrungen einer verbotenen Liebe dar, und tout Paris diskutiert, ob die Heldin ihrem Mann die heimliche Leidenschaft für den Duc de Nemours gestehen darf. Einerseits noch in der Tradition der preziösen Literatur, gelingt Madame de La Fayette durch die Reinheit und Anmut der Empfindungen, die Eleganz und frische Natürlichkeit des Stils ein völlig neuer Ton in der klassischen französischen Literatur. Der Tod ihres Freundes, des Schriftstellers Duc de la Rochefoucauld, der bei ihr lebt, trifft sie 1680 schwer, drei Jahre später stirbt ihr Mann. Madame de La Fayette schreibt weiter, vor allem Berichte vom Leben am Hof, widmet sich aber nun auch diplomatischen Aufgaben für ihre Freundin, die Herzogin von Savoyen, und der Zukunft ihrer Söhne. Spät schließt sie sich der jansenistischen Bewegung an.

Maria Sibylla Merian

* 2.4.1647 Frankfurt am Main
† 13.1.1717 Amsterdam

Maria Sibylla Merian, Kreidelithographie von Maximilian Franck, 1813

Marias Vater, der große Verleger Mathäus Merian d. Ä., starb als sie drei Jahre alt war. Ihr Stiefvater, der Maler Jacob Marell, erkannte früh ihre große Begabung und unterrichtete sie im Zeichnen und Kupferstechen. Sie heiratet 1665 den Maler J. A. Graff, zwei Töchter werden geboren und 1670 zieht die Familie nach Nürnberg. Der Kunstschriftsteller Joachim von Sandrart berichtet aus dieser Zeit, dass die junge Künstlerin sich auf Blumen und Insekten spezialisiert habe. Sie lässt auch Stickvorlagen drucken und unterrichtet in dieser Kunst. In Öl malen durften damals allerdings nur Männer. Im Verlag ihres Mannes erscheint 1679 „Der Raupen wunderbare Verwandlung und sonderbare Blumennahrung", mit dem sie sich gleich einen Namen macht, weil Bild und Text kunstvoll komponiert sind und die Darstellungen auf genauer wissenschaftlicher Naturbeobachtung beruhen. Ganz neu und wohl ihre Erfindung ist das „Metamorphosenbild", in dem sie verschiedene Entwicklungsphasen der Insekten und ihre Nahrung zusammen darstellt. Nach dem Tod ihres Stiefvaters zieht Maria 1681 wieder nach Frankfurt, der zweite Band des Raupenwerks folgt 1683. Das „Raupenlied" mit seinem Gotteslob im ersten Band wies schon auf tiefes religiöses Interesse – 1685 schließt Maria sich der pietistischen Labadisten-Sekte an und zieht mit Mutter und Töchtern in das westfriesische Schloss Waltha. Hier lernte sie Latein und auch exotische Insekten kennen, die Gemeindemitglieder aus Surinam mitgebracht hatten. Wieder dem weltlichen Leben zugewandt, geht sie nach dem Tod der Mutter 1791 mit den Töchtern nach Amsterdam. Sie handelt mit Farben und präparierten Insekten, findet aber auch Mäzene für ihre Bilder. Zur Finanzierung ihrer Traumreise verkauft Maria ihre Sammlungen und segelt 1699, ohne Auftrag und nur von ihrer Tochter Dorothea begleitet, in die südamerikanische Zuckerkolonie Surinam. Fast drei Jahre sammelt, studiert und malt sie in der schwülen Hitze. Aufsehen erregt 1705 ihre „Metamorphosis insectorum surinamensium" mit 60 großen, prachtvollen Kupferstichen, auf denen Pflanzen und Tiere in ihrem Lebensraum, auch mit vielen ethnografischen Informationen, in leuchtenden Farben dargestellt sind. Im Eigenverlag veröffentlicht sie eine holländische Ausgabe der Raupenbücher und arbeitet an einer Gartenserie, die Zar Peter der Große kauft.

Maria Sibylla Merian,
Baumwollblatt Jatropha
und Schwärmer,
kolorierter Kupferstich,
entstanden auf der Reise
nach Surinam
1699–1701

Maria Sibylla Merian,
Ingwergewächs und
Castnia-Motten (li),
Pomeranze und Spiegel-
träger (re), kolorierter
Kupferstich, entstanden auf
der Reise nach Surinam
1699–1701

Liselotte von der Pfalz

* 27.5.1652 Heidelberg
† 8.10.1721 St.-Cloud

Gegenüberliegende Seite: Liselotte von der Pfalz mit ihren Kindern Philipp und Elisabeth Charlotte, Gouache, 19. Jahrhundert

Elisabeth Charlotte, die Tochter des Kurfürsten Karl Ludwig von der Pfalz und der Charlotte von Hessen-Kassel, wurde nach der Scheidung ihrer Eltern in Hannover bei ihrer Tante, der Kurfürstin Sophie, Mutter des späteren englischen Königs Georg I., erzogen. Sie war ein lebhaftes Kind, das lieber mit dem Degen als mit Puppen spielte, schon einmal Kirschen klaute und nachts heimlich Specksalat verschlang. Sie blieb auch am Hof des Sonnenkönigs eine unkonventionelle Frau, wie ihre so amüsanten wie kritischen Briefe beweisen. Die französische Heirat betrachtete sie als Opfer für ihr Land – trotzdem nahm Ludwig sie 1688 zum Vorwand für einen Krieg, bei dem Heidelberg zerstört wurde. Nachdem Liselotte in Metz zum katholischen Glauben übergetreten war, wurde sie 1671 mit dem verwitweten Bruder des Königs, Philipp von Orléans, verheiratet. Liselotte, die eher schlichte, bürgerliche Kleidung liebte und mit nur sechs Hemden im Gepäck nach Frankreich kam, musste nun als eine der ersten Damen des Hofes elegant repräsentieren. „Madame glich weit mehr einem Mann als einer Frau“, berichtet der Duc de Saint-Simon, „sie war durch und durch deutsch, offen und geradezu“. Ludwig XIV. lernte sie bald schätzen, doch weder ihr Mann noch ihr Sohn, Philipp II., der 1715 Regent wird, konnten ihren hohen moralischen und politischen Anforderungen genügen; besser traf sie es mit ihrer Tochter Elisabeth, die, mit Karl Leopold von Lothringen vermählt, Mutter des deutschen Kaisers Franz I. wurde. Liselottes Briefe, die sie oft tief in der Nacht schrieb, sind eines der bedeutendsten Dokumente der Zeit, politisch hellsichtig und mit amüsantem Klatsch gespickt. „Schreiben amüsiert mich“, erklärte Liselotte, beklagt sich allerdings öfter, dass alle ihre Briefe von der Zensur kontrolliert werden.

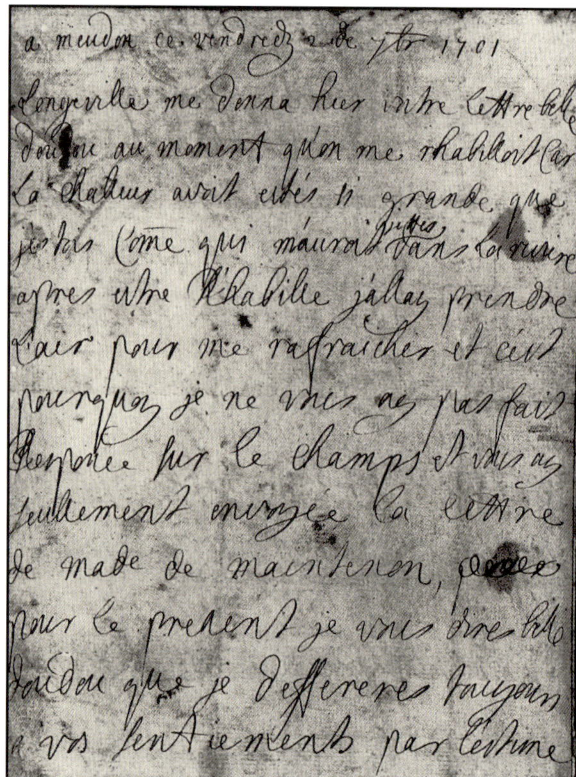
a meudon ce vendredy 2 de 7bre 1701
Longeville me donna hier votre lettre
... au moment qu'on me r'habilloit car
la chaleur avoit estés si grande que
j'estois come qui m'auroit jettes dans la riviere
apres estre r'habille j'allay prendre
l'air pour me rafraicher et c'est
pourquoy je ne vous ay pas fait
response sur le champs et vous ay
seullement envoyee la lettre
de made de maintenon, ...
pour le present je vous dire ...
... que je defferere toujours
a vos sentiments par l'estime

Brief an ihre Freundin und Dame d'honneur Charlotte Eleanor de la Mothe-Houdancourt, Herzogin von Ventadour

Lady Mary Montagu

*** 10.5.1689 Thoresby/Nottingham**
† 21.8.1762 Twickenham

Die Tochter des Herzogs von Kingston verlor früh ihre Mutter und wurde mit ihren drei Geschwistern eher unsystematisch erzogen. Briefeschreiben war jedoch schon immer ihre Leidenschaft und so lernte sie Edward Wortley Montagu kennen. Als der Vater der Heirat nicht zustimmte, ließen sich die beiden heimlich trauen. Edward war Mitglied des Unterhauses und das junge Paar zog nach London, bald spielte die lebhafte und geistvolle Lady Mary eine Rolle am Hof König Georgs I. 1716 wurde Edward zum Gesandten an der Pforte ernannt, ein heikler Posten, denn wieder einmal stand Krieg mit der Türkei bevor. Für die lebenskluge und neugierige junge Frau war es keine Frage, ihren Mann nach Konstantinopel zu begleiten. Ihre Briefe, die sie von der Reise und vom Hof des Sultans schrieb, gingen in London von Hand zu Hand, so witzig und fundiert berichtete sie von Land und Leuten. Neben klugen politischen Analysen enthalten sie lebendige Berichte über Kunst, Mode und Küche, über die Mühen des Reisens und Klatsch vom Wiener Hof wie aus dem Harem. Adressaten sind die Familie und Freunde wie die Schriftsteller Alexander Pope, Joseph Addison und Jonathan Swift. Lady Mary war sich bald der Bedeutung ihrer Korrespondenz bewusst – nachdem sie die gerade erschienenen Briefe der Madame de Sévigné gelesen hatte, schrieb sie ihrer Schwester, sie solle die Briefe nicht wegwerfen, denn sie seien mindestens ebenso unterhaltsam.

Über Athen und Karthago kehrte das Paar 1718 zurück, begleitet von einem kleinen Mohren als Diener und allerlei Kuriositäten, die Marys Salon in London zu einer noch größeren Attraktion machten. Überzeugt von der türkischen Methode der Pockenimpfung setzt sie sich gegen den Widerstand der Ärzte und der Kirche dafür ein. Nachdem sieben Sträflinge und sechs Waisenkinder die Probeimpfung überlebt hatten, ließen sich sogar zwei Mitglieder der königlichen Familie impfen – die schreckliche Krankheit war eingedämmt. Später zog Lady Mary es vor, getrennt von ihrem Mann in Italien und Frankreich ihren literarischen Neigungen zu leben.

Maria Theresia

*** 13.5.1717 Wien**
† 29.11.1780 Wien

„Nun beginnt eine neue Ordnung der Dinge", erklärte der große Gegner der Kaiserin, der preußische König Friedrich II. bei ihrem Tod. Mit Herrschersinn und weiblichem Gefühl, als österreichische Katholikin und entschlossene deutsche Fürstin hat Maria Theresia ihr Jahrhundert geprägt. Es bedurfte dafür jedoch einer Änderung der gottgegebenen Herrschaftstrukturen: Mit der „Pragmatischen Sanktion" sicherte Karl VI., der keinen Sohn hatte, 1713 die weibliche Thronfolge. Allerdings dachte er nicht daran, seine Tochter für diese Aufgabe zu erziehen. 1736 heiratete Maria Theresia Franz Stephan von Lothringen, der im Tausch für sein Land die Toskana erhielt. Es war Liebe auf beiden Seiten, 1737 kommt das erste von 16 Kindern auf die Welt.

Der junge Mozart wird Kaiserin Maria Theresia durch Joseph II. vorgestellt, Gemälde von Eduard Ender, 1869

Als Maria Theresia 1740 den Thron besteigt, ist das Land in einer schwierigen Lage. Man ist mitten im Ersten Schlesischen Krieg und auch Prag ist gefallen, doch sie gewinnt 1741 den Treueeid der ungarischen Stände; nach endlosen Kämpfen an verschiedenen Fronten kommt es 1745 wenigstens vorübergehend zum Frieden, wenn auch mit dem Verlust Schlesiens. Die Auseinandersetzungen mit Friedrich II. um Polen werden mit wechselndem Kriegsglück noch Jahrzehnte anhalten. Maria Theresia wäre wohl der bessere Feldherr als ihr zaudernder Mann gewesen. „Niemand hätte mich hindern können, selbst an die Spitze meiner Armeen zu treten, wenn ich nicht dauernd schwanger gewesen wäre", bemerkte sie einmal deutlich.

Ein erstes Ziel ist erreicht: Franz Stephan wird 1745 in Frankfurt als Franz I. zum deutschen Kaiser gekrönt, ein anderes wird nicht dauerhaft möglich sein: die wirkliche Vereinigung ihrer vielsprachigen Länder. Die Monarchin war eine liebenswürdige, schöne Frau und gute Mutter, die ebenso gut befehlen wie versöhnen konnte. Als geborene Herrscherin übersah Maria Theresia die politische Situation und sie war glücklich in der Wahl ihrer Mitarbeiter. Der mächtigste wurde der scharfsinnige Fürst Kaunitz, der das überraschen-

Gegenüberliegende Seite:
Die kaiserliche Familie auf der Schönbrunner Schlossterrasse (Maria mit Kaiser Franz Stephan und den Kindern Josef, Karl, Leopold, Ferdinand, Marianna, Elisabeth, Marie Christina, Amalia) Gemälde von Martin van Meytens

Krönung zur Königin von Ungarn am 25. Juni 1741 im Dom zu Preßburg, zeitgenössischer Kupferstich

de Bündnis mit Frankreich vorbereitet und 1753 Kanzler wird. 1756 bringt dieser Vertrag eine „Umkehrung der Allianzen“ in Europa. Maria Theresia besaß eine eigentümliche Mischung von Autorität, Takt und Mitgefühl. Sie war für Beharren, unternahm aber auch viele Reformen, von denen die „Keuschheitskommission“, die das Laster bekämpfen sollte, allerdings nicht die sinnvollste war und auch den kaiserlichen Gemahl keineswegs von seinen Mätressen abhielt. Der Tod ihres Mannes 1765 aber trifft die Monarchin schwer: Sie schneidet ihre langen blonden Haare ab und trägt nur noch schwarze Witwenkleidung. Die Kaiserkrone erbt ihr Sohn Josef II. – im Heiligen Römischen Reich gab es keine weibliche Thronfolge.

Wie viele Fürsten ihrer Zeit war auch Maria Theresia vom Baufieber befallen: Schloss Schönbrunn, ihr liebster Aufenthalt, ist weitgehend ihr Werk. Sie nahm lebhaft Anteil an der Gestaltung der 1500 Räume und der Parkanlagen. Und so sehr sie Feste und Bälle liebte – auch der junge Mozart spielte in Schönbrunn – so groß war ihr Arbeitspensum. Schon frühmorgens saß sie an ihrem Schreibtisch und ermahnte auch die Kinder, deren Erziehung sie penibel kontrollierte, „niemals faul zu sein“. Auf deren Ehen verwandte die Monarchin viel Zeit und Diplomatie – die Verbindungen mit Bayern, Modena, Neapel, Sachsen und Spanien sollten das Netz der habsburgischen Macht vergrößern. Sie erlebte nicht mehr, dass ihre jüngste Tochter Marie Antoinette als französische Königin auf dem Schafott endete.

Marquise de Pompadour

*** 29.12.1721 Paris**
† 15.4.1764 Versailles

Von zweifelhaftem Ruf sind die schöne Mutter wie der Vater, ein Geschäftsmann, aber Jeanne Poisson wird gut erzogen und schließt 1741 eine Vernunftehe mit Charles-Guillaume d'Étioles. Monsieur de Tournehem, der vielleicht ihr Vater war, überlässt ihnen sein kleines Schloss an der Seine und führt seine Freunde – die Schriftsteller Crébillon, Fontenelle, Montesquieu – und sogar einige Damen vom Hof ein. Für Jeanne war es die große Schule der Lebenskunst, und ihre Schönheit, von den Malern des Rokoko immer wieder porträtiert, fiel auf. Sie hatte zwei Kinder auf die Welt gebracht und blühte auf. Ludwig XV., der „Vielgeliebte", hatte 1725 die fromme Maria Leszczynska, Tochter des abgesetzten polnischen Königs geheiratet, aber bald übernahmen Mätressen das Regiment. Madame Etioles verstand es, den König auf sich aufmerksam zu machen – 1745 zog sie als „maîtresse en titre" nach Versailles. Täglich schreibt ihr der König aus dem flandrischen Krieg Briefe, die sie mit Hilfe des Abbé Bernis geistreich beantwortet. Zur Marquise de Pompadour erhoben, wird sie nun offiziell bei Hof

Gegenüberliegende Seite: Ludwig XV. und Madame Pompadour (Ludwig XV. ernennt auf Betreiben seiner Mätresse Mme. de Pompadour Voltaire zum Hofhistoriographen und Kammerjunker), Kreidelithographie von Nicolas Eustache Maurin, 1826

Madame Pompadour lenkt die Staatskarosse Frankreichs, Karikatur auf die politische Situation während des Siebenjährigen Krieges 1756–63

Mozart bei Madame Pompadour, Holzstich koloriert, um 1890

vorgestellt. Sie war eine willensstarke, ehrgeizige Frau mit Talent zur liebenswürdigen Intrige, bemühte sich um einen guten Kontakt zur Königin und scharte geschickt ihre Anhänger um sich. Wenige konnten sich ihrem Willen entziehen – bald begann sie mitzuregieren, in vielen Pamphleten und von der Geistlichkeit als „Königsdirne" geschmäht. Sie liebte den König als Quelle ihrer Macht – er jedoch war ein unzuverläsiger Geliebter, der ihre Klugheit und Entschlossenheit brauchte, später führte sie ihm sogar Mädchen zu. Ihrem Einfluss ist 1751 die Gründung der Militärschule in Paris zu verdanken, 1752 gründet sie die Porzellanmanufaktur von Sèvres und sie betrieb auch 1756 die berühmte „Umkehrung der Allianzen", das Bündnis mit Österreich. Auf Bitten des Ministers Kaunitz schickt Kaiserin Maria Theresia ihr zum Dank ein wertvolles Lackschreibzeug. Die Pompadour liebte Verschwendung und sammelte Schmuck wie Schlösser. Als sie Diderots und d'Alemberts verbotene Enzyklopädie hoffähig machte, schmeichelte sogar Voltaire der „göttlichen Pompadour". Friedrich der Große allerdings nannte einen seiner Hunde nach ihr.

Katharina II., die Große, von Russland

*** 2.5.1729 Stettin**
† 17.11.1796 Zarskoje Selo

Als Sophie Friederike Auguste, Tochter des preußischen Generals Fürst von Anhalt-Zerbst und der Prinzessin von Holstein-Gottorp, geboren wurde, ahnte niemand, dass sie den russischen Thron besteigen würde. Zwar strickte die international versippte Familie an allen möglichen Verbindungen für die hübsche Tochter, doch es war eine Überraschung, als Ende 1743 ein Brief aus Russland kam: Mutter und Tochter sollten sich sofort auf den Weg nach Petersburg machen, die Kosten für die Reise und standesgemäße Toiletten übernahm die Zarin. Man solle mit kleiner Begleitung fahren, hieß es, allerdings wäre es gut, einen Koch mitzunehmen. Nur Friedrich der Große wusste von der geheimen Reise und so machte man pflichtschuldig einen Besuch in Berlin. Zarin Elisabeth ist zufrieden mit der Prinzessin, die eifrig Russisch lernt und unter dem Namen Katharina zum orthodoxen Glauben übertritt. 1745 heiratet sie den etwas debilen Thronfolger Herzog Peter von Holstein-Gottorf, den Neffen der Zarin, der nach ihrem Tod 1762 Zar wird – wenn auch nur für ein halbes Jahr. Ein Staatstreich mit Hilfe der Brüder Orlow und der Garderegimenter macht Katharina zur neuen Zarin – Peter wird auf der Festung Schlüsselburg gefangen gehalten und schließlich ermordet. Er lastet als blutiger Schatten auf Katharinas Regierung, ebenso wie 1764 die Ermordung des Braunschweiger Thronprätendenten Iwan IV.

Den 1754 geborenen Thronfolger Paul hatte die alte Zarin gleich nach der Geburt zu sich genommen.

Katharina II. gelangt auf den russischen Thron, Kupferstich

Katharina, die 18 Jahre wie eine Staatsgefangene gelebt hatte und sich nur ihren Büchern widmen konnte, ist entschlossen zu herrschen. Sie will eine aufgeklärte „philosophische" Monarchie, will Russland zu einem europäischen Land machen, holt bedeutende Schriftsteller und Philosophen wie

Katharina II. legt die türkischen Trophäen am Grabe Peters des Großen nieder, Gemälde von Andreas Hüne, 1791

Denis Diderot und den Baron Grimm an den Hof und korrespondiert eifrig mit Voltaire. Und als in Frankreich die Revolution ausbricht, schreibt Katharina: „Es ist zweifelhaft, ob dieses Spiel Licht bringt … denken Sie daran, dass ich durch mein Metier Royalistin bin, aber eine Royalistin von der Art, die wünscht, dass Sicherheit und Eigentum bestehen bleiben". Die meisten innenpolitischen Reformen bleiben im Ansatz stecken, bedingt auch durch ihre Günstlinge, von denen Fürst Potemkin mit seinen sprichwörtlich gewordenen Dörfern der bekannteste ist. Katharina hatte auch mit Widerstand im eigenen Land zu rechnen, als die Bauern sich 1773 unter dem Kosaken Pugatschew erhoben, der behauptete, der wundersam errettete Zar Peter III. zu sein und sich mit der angeblichen Zarentochter Elisabeth verbündete. Die Niederwerfung des Aufstands brachte eine Verschärfung der Leibeigenschaft.

Außenpolitisch jedoch war Katharina erfolgreich. Im Kampf gegen die Türken gewann sie die Krim und den Zugang zum Schwarzen Meer und sie profitierte von den Auseinandersetzungen um Polen, was weitere beträchtliche Landgewinne brachte. Die ukrainischen Kosaken verloren ihre Autonomie, seit 1763 wurden rund 27 000 meist protestantische Wolgadeutsche in 100 schachbrettartigen Kolonien um Saratow angesiedelt. Europa ist entsetzt, als Joseph II. von Österreich sich mit der „Semiramis des Nordens" gegen England und die Türkei verbündet. Katharinas Traum war die Wiederherstellung eines oströmischen Reiches. Sie hat immer hart, entschlossen und auch skrupellos für ihre Ziele gekämpft. Bei ihrem Tod war Russland eine europäische Großmacht geworden.

Gegenüberliegende Seite:
Katharina II. in Staatsrobe, Gemälde um 1780/90

Angelika Kauffmann

*** 30.10.1741 Chur**
† 5.11.1807 Rom

Sie war ein Kind des Bregenzerwaldes, woher die Familie stammte, und hat sich selbst in dieser Tracht porträtiert. Ihre ersten Werke, die sie unter Anleitung des Vaters malte, finden sich in der kleinen Schwarzenberger Kirche. Ihr Vater war Wandermaler und Freskant, dessen Werke noch heute in Schlössern und Kirchen rund um den Bodensee zu sehen sind. Er förderte früh Angelikas Talent, die Mutter bildete sie im Gesang aus – das „Selbstbildnis zwischen Malerei und Musik" zeugt von ihrer Doppelbegabung. 1760 reisen Vater und Tochter nach Italien, durch das Kopieren großer Meister vervollkommnet sie ihre Kunst. Es ist eine große Ehre und Ausnahme von der Regel, dass Angelika Mitglied der berühmten Akademien von Bologna, Florenz, Rom und Venedig wird. Sie lernt Johann Joachim Winckelmann kennen und wagt sich nun auch an Historienbilder. Als ihr die kunstsinnige Lady Wentworth vorschlägt, mit nach London zu reisen, erwartet die ehrgeizige Malerin dort einen aufgeschlosseneren Markt für ihre Porträts. 1766 eröffnet sie ein Atelier, wird bald der Liebling der feinen englischen Gesellschaft und eine gefragte Künstlerin. Das Porträt des Schauspielers Garrick hatte sie berühmt gemacht, nun malt „Miss Angel" die königliche Familie und freundet sich mit dem großen Maler dieser Jahre, Joshua Reynolds, an.

1768 gehört sie zu den Gründungsmitgliedern der „Royal Academy of Arts". Dort kann sie nun ihre mythologischen und historischen Gemälde ausstellen, die vor allem in Deutschland als Meisterwerke des Klassizismus gelobt werden. Durch Kupferstiche werden ihre Bilder überall bekannt.

So beherrscht Angelika sich immer gibt – sie erliegt dem falschen Grafen Horn, den sie 1867 heimlich heiratet, nur mit großen Schwierigkeiten kann sie sich wieder von dem Hochstapler trennen.

Sebstbildnis, 1762

Gegenüberliegende Seite:
Bildnis einer Dame
als Vestalin,
Gemälde von Angelika
Kauffmann, vor 1782

Angelika Kauffmann an der Staffelei, Scherenschnitt von Louise Duttenhofer, um 1806

Gegenüberliegende Seite: Bildnis einer jungen Dame als Sibylle, Gemälde von Angelika Kauffmann

Erst 1781 kommt ihr Leben durch die Heirat mit dem venezianischen Vedutenmaler Antonio Zucchi wieder in ruhigere Bahnen, unermüdlich ist er wie ein Manager und gleichzeitig Malergehilfe für sie tätig. Beide reisen nach Italien und Angelika richtet in Rom ihr Atelier ein, das zum lebhaften Mittelpunkt und „Tempel des weiblichen Ruhms“ wird. Die Maler Elisabeth Vigée-Lebrun, Johann Heinrich Füssli und Philipp Hackert gehen ebenso ein und aus wie Johann Wolfgang von Goethe und Johann Gottfried Herder, der Bildhauer Antonio Canova ist so gern gesehen wie Kaiser Josef II. und Anna-Amalia von Sachsen-Weimar. Angelika wurde nun zu einer wichtigen Vermittlerin zwischen den Kunstzentren Europas. „Sie hat ein unglaubliches Talent“, stellte Goethe fast neidisch fest. Die Malerin ist weiter als sensible Porträtistin begehrt und auch die Kunst der Historienmalerei gelingt ihr in Vollendung – perfekt gemalte Bilder von sanfter stiller Größe in der unruhigen Zeit der Revolution. Das Wunderkind wurde eine der geistreichsten Persönlichkeiten der Epoche und die erste Frau, die als Malerin internationalen Erfolg hatte.

Marie Jeanne Gräfin Dubarry

*** 19.8.1743 Vaucouleurs**
† 8.12.1793 Paris

Madame Dubarry, zeitgenössisches Gemälde von François Hubert Drouais

Die ledige Mutter Anne Bécu geht als Köchin nach Paris. Ihre Tochter wächst im Haus einer gefeierten Kurtisane auf, wird dann aber zur Erziehung in ein Kloster geschickt und arbeitet als Putzmacherin. Die hübsche Grisette hat viele Freunde und taucht bald in Polizeiberichten auf. Es fällt nicht schwer, den Grafen Jean Dubarry kennen zu lernen, einen verarmten Adligen und Spieler, der in die fröhliche Schönheit investiert, denn seit dem Tod der Pompadour ist der Posten der Mätresse vakant. Die Intrige funktioniert – Ludwig XV. ist entzückt. „Morgen ist der Tag, von dem an ein Unterrock die Geschicke Europas bestimmen könnte", berichtet Madame du Deffand. Um ihr den passenden Rang zu verschaffen, wird sie 1768 mit Jeans Bruder, Graf Guillaume Dubarry, verheiratet, und zur Unterstützung schickt Jean seine kluge Schwester Chon. 1769 wird sie offiziell bei Hof vorgestellt. Ludwig schenkt ihr das Schloss Louveciennes. Die Dubarry war gutmütig und freundlich, aber auch verschwenderisch. Obwohl sie sich weitgehend aus der Politik heraushielt, richtete sie durch die Absetzung des Ministers Choiseul doch einigen innenpolitischen Schaden an. Aber nur sie konnte den König aus seiner Lethargie reißen. „Sie strahlte wie die Sonne in einem goldenen Kleid, übersät mit Juwelen im Wert von über fünf Millionen Livres", erfährt man von einem opulenten Fest. Die Dubarry macht Mode und glänzt auch, wenn sie in Männerkleidern mit Federhut ausreitet, sie liebt leichte helle Negligés, die ihren kindlichen Charme betonen. Aber sie fördert auch die Aufklärer und die Malerei. Der Gipfel ihrer Karriere war die Einladung zur Hochzeit des Dauphins mit Marie Antoinette, die sie nie leiden konnte. Während ganz Paris obszöne Lieder über sie singt, verbringt sie glückliche Tage mit Ludwig im Petit Trianon. Kardinal de la Roche Aymon zwingt den kranken König schließlich, seine Mätresse als Staatsgefangene in die Abtei Pont aux Dames zu stecken. 1775 frei, führt die Dubarry wieder ein glänzendes Leben, attraktiv für neue Liebhaber wie Henry Seymour und den Herzog von Brissac. Als sie sich im Garten von Elisabeth Vigée-Lebrun porträtieren lässt, wird die Bastille gestürmt. Dann wird die Dubarry in eine ominöse Spionagegeschichte verwickelt, nachdem Einbrecher

König Ludwig XV. im Boudoir der Madame Dubarry, Gemälde von Gyula Benczur, 1874

ihren wertvollen Schmuck gestohlen hatten. Da sie zudem Royalisten unterstützt, macht ihr die Revolution kurzen Prozess – zwei Monate nach Marie Antoinette wird auch sie guillotiniert.

Elisabeth Louise Vigée-Lebrun

*** 16.4.1755 Paris**
† 30.3.1842 Louveciennes

Sebstbildnis mit Strohhut, 1782

Der Vater war Pastellmaler und sein früher Tod zwang die begabte Tochter, sich auf Porträtmalerei zu spezialisieren, mit der sie schnell berühmt wurde. 1776 heiratete sie den Kunsthändler Jean Baptiste Pierre Lebrun. Nachdem sie Hausmalerin von Königin Marie Antoinette geworden war, standen die Berühmtheiten bei ihr Schlange. Sie porträtierte die Dubarry und Madame de Staël, den Hochadel ebenso wie die Schauspieler der Comédie Française. Die Königin unterstützte 1783 ihre Aufnahme in die Akademie, was auch bedeutete, dass sie im Salon des Louvre ausstellen durfte. Während der französischen Revolution emigrierte die Malerin mit ihrer einzigen Tochter nach Italien und reiste dann nach Wien, St. Petersburg und London, wo sie überall ehrenvolle Aufträge erhielt. Selbst Papst Pius VI. wollte sich von ihr malen lassen – die Künstlerin lehnte jedoch ab, weil sie dies nur verschleiert hätte tun dürfen. Dass sie den eleganten Prinzen von Wales porträtieren darf, erregt den Neid der englischen Kollegen. Nach ihrer Rückkehr nach Paris 1802 lässt sie sich von Lebrun scheiden und kauft ein Landhaus bei Louveciennes. Geschult hatte Elisabeth Vigée-Lebrun sich durch Kopieren der Werke von van Dyck, Raffael, Rembrandt und Rubens. Sie arbeitet in subtilen Farben und entwickelte einen ganz eigenen, ungekünstelten Stil, der sich in den späten Jahren dem Klassizismus nähert. Sie hat nicht nur die galante Gesellschaft des Ancien régime in ihren Bildern festgehalten, sondern sich auch immer wieder selbst porträtiert – sie galt als viel bewunderte Schönheit. Ihr eigenes Lieblingsbild war „Lady Hamilton als Sibylle“. Spät schrieb sie die „Erinnerungen“ an ein bewegtes Leben, in denen sie selbstbewusst auch ihre Regeln für die Porträtmalerei verrät: „Lass dich nicht abschrecken, wenn einige Personen keine Ähnlichkeit mit deinen Bildern finden, es gibt so viele Leute, die gar nicht zu sehen verstehen.“

Gegenüberliegende Seite: Selbstbildnis der Künstlerin mit ihrer Tochter, Gemälde 1789

Marie Antoinette

*** 2.11.1755 Wien**
† 16.10.1793 Paris

Marie Antoinette, Gemälde von Elisabeth Louise Vigée-Lebrun, 1778

Die Heirat der jüngsten Tochter Maria Theresias sollte das Bündnis zwischen den Häusern Habsburg und Bourbon besiegeln. Architekten dieser Verbindung waren die Minister Choiseul und Kaunitz, doch die so gut gedachte Kinderehe wurde eher zum politischen Alptraum. Marie Antoinette musste nun im Schnellverfahren eine königliche Ausbildung bekommen. Leider hatte sie nicht das Finanztalent und die Disziplin ihrer Mutter geerbt, aber ihre Eleganz und Anmut lernte sie nun von dem berühmten Tanzmeister Noverre. 1770 wurde die noch nicht 15-jährige Erzherzogin, von ihrer Mutter mit frommen Ratschlägen versehen, in die Kutsche nach Frankreich gesetzt. An der Grenze in Kehl musste sie ihre österreichischen Kleider zurücklassen, dann nahm Choiseul sie in Compiègne in Empfang. Der Dauphin, der spätere Ludwig XVI., ist gerade ein Jahr älter und kein großes Licht.

Marie Antoinette hat es schwer an dem intriganten Hof. Mit ihren verspielten Vergnügungen macht sie sich schnell unbeliebt, was sich auch nicht ändert, als die „kleine Rothaarige“ nach dem Tod Ludwigs XV. 1774 Königin wird. Erst der Besuch ihres Bruders, Kaiser Josef II., bessert die Situation, auch der Ehe: Endlich bringt sie das erste von sechs Kindern auf die Welt. Im Trianon von Versailles verdrängt die Königin mit Schäferspielen, eleganten Roben und teurem Schmuck die wachsenden Probleme. Ohne Schuld wird sie in die Halsbandaffäre verwickelt, eine verhängnisvolle Intrige, bei der es um einen millionenschweren Brillantschmuck ging. Marie Antoinette interessierte sich kaum für Politik, aber es lag nicht an „Madame Defizit“, dass der Staat bankrott war. Die Generalstände werden als letzter und erfolgloser Rettungsversuch einberufen.

Im Juli 1789 beginnen die Revolutionäre ihre Brandreden zu halten, nicht nur die Bastille wird

„Il Trionfo d'Amore".
Kinderballett, am
23.1.1765 in Wien zur
Hochzeit Josephs II. mit
Maria Josepha: Marie
Antoinette mit ihren
Brüdern Ferdinand
und Maximilian,
Gemälde von Johann
Franz Greippel

Pont neuf mit Festdekoration und dem Königspaar Ludwig XVI. und Marie Antoinette im Wagen, Kupferstich um 1780

gestürmt – tausende von Frauen marschieren im Protest nach Versailles. Die königliche Familie muss wie Gefangene in den Tuilerien leben und wird nach einem gescheiterten Fluchtversuch 1792 im Temple eingesperrt, Frankreich zur Republik erklärt. Zum ersten Mal zeigt Marie Antoinette Mut und Entschlossenheit und gewinnt durch ihre ruhige Würde Sympathie. Der König, nun „Bürger Capet", wird im Januar 1793 guillotiniert. „Tötet mich doch erst", stellt sie sich den Häschern entgegen, die ihren Sohn holen wollen. Kein europäischer Monarch, keiner der früheren Günstlinge steht ihr zur Seite. Marie Antoinette wird der Unzucht und des Landesverrats angeklagt und verurteilt. 30 000 Soldaten waren aufgeboten, als sie im Karren zur Hinrichtungstätte, der Place de la Revolution, der heutigen Place de la Concorde, gebracht wurde.

Marie Antoinette als Witwe Capet vor dem Revolutionstribunal, 14.–16. Oktober 1793 *(oben)*;
ihre Hinrichtung am 16. Oktober auf der Place de la Revolution in Paris, *(unten)*

Germaine de Staël

*** 22.4.1766 Paris**
† 14.7.1817

Der Bankier und Finanzminister Necker war unter Ludwig XVI. der reichste und mächtigste Mann Frankreichs. Seine Frau Suzanne Curchod, eine Schweizer Pastorentochter, und er erzogen die Tochter Anne Louise Germaine nach den damals modernen Ideen von Rousseaus „Emile". Das Ergebnis wurde eine leidenschaftliche Aristokratin mit republikanischen Ideen, emanzipiert nach ihrem eigenen Kopf. Ungeniert lebt sie sich als Schriftstellerin, Politikerin und Geliebte aus, von den Zeitgenossen gleichermaßen bewundert wie als „Hermaphrodit, Prostituierte, Äffin in Kleidern" verspottet. Sie scheint nicht besonders schön gewesen zu sein, doch „man muss sie anbeten", schwärmt der deutsche Dichter Zacharias Werner, „die Größe dieses erhabenen Herzens überflügelt noch ihren weit umfassenden Geist". Als sie 12 Jahre ist, bewirbt sich der schwedische Botschafter Eric Magnus de Staël-Holstein um die reiche Erbin, wird jedoch, ebenso wie drei Jahre später William Pitt, abgewiesen. 1786 heiratet sie dann doch den Baron, der 1802 stirbt. Von ihren fünf Kindern ist wohl nur eines legitim. Nach anfänglicher Begeisterung für die Revolution wurde die Liberale zur erklärten Feindin Napoleons, der sie 1802 aus Paris ausweist – erst 1814 kann sie zurückkehren. Madame de Staël reist durch Europa und sammelt in ihrem Exil in Coppet am Genfer See ihren „Harem der Männer" um sich – die geistige Elite der Zeit.

Sie fängt an zu schreiben, zunächst literarische Essays und Manifeste unter dem Einfluss Montesquieus, 1800 entsteht in Coppet ihr erster Briefroman „Delphine". 1803 reist sie mit dem Dichter Benjamin Constant, der schon länger ihr Liebhaber ist, nach Deutschland. In Weimar trifft sie Goethe, der ihren „Essai sur les fictions" übersetzt hatte, Schiller und Wieland, in Berlin wird sie in allen Salons gefeiert, obwohl man sie oft als zu geschwätzig empfindet und der Philosoph Fichte sich gekränkt weigert, ihr seine Philosophie in 15 Minuten zu erklären. Ihr Buch „De l'Allemagne", das wegen Schwierigkeiten mit der Zensur erst 1813 in England erscheint, sollte den Franzosen Deutschland und vor allem die idealistische Philosophie näher bringen. In Berlin hatte Madame de Staël August Wilhelm Schlegel kennen gelernt, der als Hauslehrer für die Kinder engagiert wird. Zunächst reist sie mit ihm durch Italien und wohnt in Rom bei Wilhelm von Humboldt. Die 1807 erschienene Frucht dieser Reise „Corinne ou de l'Italie" wird ein ungeheurer Erfolg. Schlegel nannte das Buch den Prototyp des neuen romantischen Romans. Die Geschichte um die geniale Dichterin Corinne, in der Madame de Staël sich selbst porträtiert, ist ein „Buch der idealen Liebe". Den Heiratsantrag Constants hatte sie abgewiesen, 1810 lernt sie in Genf John Rocca kennen, den sie ein Jahr vor ihrem Tod heimlich heiratet. Da der Druck der napoleonischen Behörden zunimmt, flieht sie über Wien, Moskau und St. Petersburg nach London. 1814 end-

Madame de Staël als „Corinna", Gemälde von Elisabeth Louise Vigée-Lebrun, 1808/09

lich wieder in Paris, schreibt sie ein Buch über die Revolution; ihre Tochter Albertine, das Kind Constants, heiratet 1816 den Herzog von Broglie.

Germaine de Staël war eine Weltbürgerin mit Hang zur pädagogischen Gelehrsamkeit und weihte ihr Leben Vernunft, Freiheit, Fortschritt und Liebe.

Rahel Varnhagen

*** 26.5.1771 Berlin**
† 7.3.1833 Berlin

Rahel Varnhagen, Zeichnung von Wilhelm Hensel, 1832

In der Dachstube des Elternhauses und bei Tee präsidierte Rahel Levin in ihrer „Republik des freien Geistes". Es war der erste Salon einer unverheirateten Frau, und Wilhelm von Humboldt, Friedrich Schleiermacher, Jean Paul, Clemens von Brentano und Prinz Louis Ferdinand von Preußen mit seiner Freundin Pauline Wiesel gingen ein und aus. Ihre Eltern waren nicht reich, Rahel brachte sich selbst Deutsch, Englisch, Französisch, Italienisch und Hebräisch bei. „Jüdin, nicht hübsch, ohne grâce, sans talents et sans instruction" spottete sie einmal über sich selbst. Anregende Gesellschaft war ihr Lebenselixier und sie war ein „Menschenmagnet". Trotzdem scheiterten zwei Verlobungen – mit dem Grafen Karl von Finckenstein und dem Diplomaten Don Rafael d'Urquijo – an den Konventionen der Zeit. Nach langen Jahren der Freundschaft entschließt sie sich zur Ehe mit dem 14 Jahre jüngeren Karl August Varnhagen von Ense und tritt zum protestantischen Glauben über. Varnhagen ist Publizist und Diplomat, sie hat ein bisschen seine Karriere angeschoben und reist 1814 mit Varnhagen, der den Kanzler Hardenberg zum Kongress begleitet, nach Wien. Er wird später Legationsrat in Karlsruhe, bald jedoch wegen seiner liberalen politischen Einstellung entlassen. 1819 wieder in Berlin, glänzt Rahel mit einem neuen Salon, in dem Bettina von Arnim, Georg F. W. Hegel, Franz Grillparzer, Heinrich Heine, Carl Maria von Weber und Leopold von Ranke verkehren. 1812 hatte Varnhagen ihre Korrespondenz über Goethe, den Rahel mehrmals traf, anonym veröffentlicht, nach ihrem Tod gibt er eine Briefsammlung „Buch des Andenkens" heraus. Rahels Briefe sind voller Phantasie und Empfindung und spiegeln alle Widersprüche ihres Lebens und ihrer Zeit. In den tausenden von Briefen und Tagebüchern, die sie hinterlassen hat, „steht kein toter Buchstabe".

Jane Austen

* 16.12.1775 Steventon/Hampshire
† 18.7.1817 Winchester

Jane Austen, zeitgenössische Miniatur von Andrews of Maidenhead

„By a lady“ stand als Autorenname in ihren Büchern, und diese Anonymität scheint Jane Austen eher Spaß gemacht zu haben, denn sie verschaffte ihr den Freiraum, den sie brauchte. Als sie 1815 erfährt, dass der Prinzregent, der spätere Georg IV., ein begeisterter Leser ihrer Romane sei und sie ihm ihr nächstes Buch widmen dürfe, ist Jane Austen eher ungehalten. Aus ihrem Leben ist wenig bekannt. Sie war das siebte Kind einer Pfarrersfamilie und ist nie über Südengland hinausgekommen, zuletzt lebte sie in Chawton bei ihrem Bruder Edward. Schon als Kind war Jane eine begierige Leserin und man spürt in ihren Büchern auch die gute Schule der klassischen Sprache, sie selbst verglich ihre Kunst mit Elfenbeinmalerei. Die ersten literarischen Versuche wurden abends bei Kerzenlicht der Familie vorgelesen. Ein bisschen ungewöhnlich aber war eine unverheiratete, schriftstellernde Frau doch: Sobald fremder Besuch ins Haus kam, wurde das Manuskript unter einer Handarbeit versteckt. In der ländlichen Abgeschiedenheit wurde Jane Austen zu einer unbestechlichen Beobachterin der Gesellschaft ihrer Zeit und gleichzeitig eine der bedeutendsten Autorinnen des frühen Realismus. Mit Humor, Ironie, gesundem Menschenverstand und genauer psychologischer Einfühlung schildert sie das Leben in den kleinen englischen Gemeinden und Herrenhäusern. Lebendig sind vor allem ihre Heldinnen gezeichnet, mit viel Witz die gesellschaftlichen Zwänge, den passenden Ehemann zu finden. Hier findet man nichts von dem romantischen Überschwang der damals modernen sentimentalen Schmöker. Noch heute sind „Sense and Sensibility“, „Pride and Prejudice“ oder „Emma“ der reinste Lesegenuss und immer wieder für spannende Verfilmungen gut.

Luise Königin von Preußen

*** 10.3.1776 Hannover**
† 19.7.1810 Schloß Hohenzieritz bei Neustrelitz

Die Tochter des Herzogs von Mecklenburg-Strelitz und der Prinzessin von Hessen-Darmstadt wächst nach dem frühen Tod der Mutter bei ihrer Großmutter in Darmstadt und dann bei ihrer älteren Schwester, der Herzogin von Sachsen-Hildburghausen, auf. Mit ihrer Schwester Friederike lernt sie in Frankfurt Friedrich Wilhelm von Preußen kennen. Dem Kronprinzen fällt die Wahl zwischen den beiden Schwestern schwer, und nachdem er sich für die muntere, frische Luise entschieden hat, heiratet sein Bruder Ludwig Friederike. Weihnachten 1793 ist Doppelhochzeit, Berlin bereitet ihnen einen glänzenden Empfang. Zehn Kinder wird Luise zur Welt bringen – sieben überle-

Napoleon empfängt Königin Luise in Tilsit, (6. Juli 1807; mit Alexander I. von Russland und Friedrich Wilhelm III. v. Preußen) Gemälde von Nicolas Louise François Gosse

Königin Luise mit ihren Söhnen Friedrich Wilhelm (IV.) und Wilhelm (I.) im Park von Luisenwahl, alte Kopie nach Gemälde von Carl Steffeck

Eigenhändige Zeichnung der Prinzessin Luise in einem Schreibheft

ben, darunter der spätere König Friedrich Wilhelm IV. und der erste deutsche Kaiser Wilhelm I. Mit ihrer anmutigen Schönheit und unkonventionellen Herzensgüte gewinnt Luise alle Herzen. Man wohnt, auch nachdem Friedrich Wilhelm 1797 König geworden ist, im kronprinzlichen Palais Unter den Linden. Beide lieben das einfache häusliche Leben, der nüchterne König schätzt Ordnung und Sparsamkeit. Luise, die immer ihre Probleme mit Orthographie und Etikette hatte, entwickelt gesellschaftliche Talente und schwelgt, viel bewundert, in Garderoben der neuen „griechischen" Mode – der Bildhauer Schadow hat sie und ihre Schwester bezaubernd in Marmor porträtiert. Politisch ist die Lage schwierig – erst Krieg in Polen und dann Napoleon, der die Landkarte Europas durcheinander bringt. Auf vielen Reisen mit ihrem Mann wird Luise zum guten Geist Preußens. Sie erlebt 1806 die verlorene Schlacht von Jena und Auerstedt – die Königsfamilie muss nach Memel fliehen. Vergeblich bleibt 1807 ihr entschlossenes Gespräch mit Napoleon – Preußen muss die harten Bedingungen des Siegers akzeptieren. In dieser schweren Zeit zeigt Luise, „erfüllt von der großen Idee meiner Pflicht", Interesse für Politik, plädiert für Widerstand und unterstützt die Reformen von Stein und Hardenberg.

Annette von Droste-Hülshoff

* 10.1.1797 Schloss Hülshoff bei Münster
† 24.5.1848 Meersburg

Wie es sich für eine junge Dame aus westfälischem Adel gehört, bekam Annette eine standesgemäße Ausbildung vom Sticken bis zum Klavierspielen. Ihre Mutter, mit der sie nach dem frühen Tod des Vaters zurückgezogen im Witwensitz Rüschhaus lebte, war allerdings mit den literarischen Versuchen ihrer Tochter keineswegs einverstanden.

Portrait der Dichterin, Miniatur von ihrer Schwester Jenny, um 1820

Annette beim Angeln am Bodensee, Aquarell von ihrer Schwester Jenny, um 1845

Annette aber ließ sich nicht abhalten, schrieb Gedichte und Balladen, zeichnete und komponierte. Ihr erster Gedichtband musste 1838 jedoch mit Rücksicht auf die Familie anonym erscheinen. Auf einer Reise ins Rheinland lernt sie den jungen Levin Schücking kennen, der ihre unerfüllte Liebe wird. Mit Schücking und Ferdinand Freiligrath arbeitet sie 1840 an einem Buch über das „Malerische und romantische Westphalen“. Glücklicher wurde An-

Sterbezimmer der Dichterin im Alten Schloss in Meersburg am Bodensee

nette in Meersburg, wo ihre Schwester Jenny, mit dem Mittelalterforscher Freiherr von Laßwitz verheiratet, auf der Meersburg lebte. Sie vermittelt Schücking eine Stelle als Bibliothekar auf der Burg und kauft sich von ihrem Honorar für die Kriminalgeschichte „Die Judenbuche“ das „Fürstenhäusle“ in den Weinbergen über Meersburg. Am Bodensee entstanden ihre schönsten Gedichte, farbgesättigte Stimmungsbilder von sinnlicher Fülle. Eigenwillig und visionär ist auch ihre religiöse Lyrik, die sie in „Das geistliche Jahr“ sammelte. Das kleine westfälische Fräulein blieb einsam in ihrer Zeit – mit einem geheimnisvoll starken Werk von prägnant dichter Sprache, im stillen Konflikt mit den einengenden Konventionen des Katholizismus und des Adels. An Revolution wagt Annette nicht zu denken, doch die Unruhe spricht tief gefühlt aus vielen Versen. Als Frau und Dichterin hat sie eine neue Ordnung der Dinge gesucht, kaum verstanden zu ihrer Zeit.

Bettina von Arnim

* 4.4.1785 Frankfurt/Main
† 20.1.1859 Berlin

Portrait der Schriftstellerin mit Achim von Arnims Novellensammlung „Wintergarten", Bleistiftzeichnung von Ludwig Emil Grimm, 1809

„Häufen Sie Widersprüche auf Widersprüche, bergehoch, überschütten Sie alles mit Blumen, lassen Sie Funken und Blitze herausleuchten, und nennen Sie es Bettine", charakterisiert sie Rahel Varnhagen. Wie ein schönes Irrlicht durchgeistert Bettina von Brentano die Zeit der Romantik. Sie war, im Wettstreit mit ihrem Bruder Clemens, „das tollste" der vielen Kinder im großen Brentano-Haus in Frankfurt und kommt nach dem frühen Tod der Mutter zur Erziehung erst ins Kloster, dann zur Großmutter, Sophie von La Roche, einer viel gelesenen Romanautorin und Freundin Wielands. 1801 trifft sie Karoline von Günderode und Achim von Arnim, den Dichterfreund ihres Bruders Clemens. Die Freunde und Geschwister bilden das Herz der deutschen Romantik, deren „Frühlingskranz" Bettina in ihren vielen Briefen geflochten hat. Sie führt auch einen schwärmerischen Briefwechsel mit dem Dichterfürsten Goethe, dem die Verehrung der kapriziösen jungen Frau aber bald lästig wird.

1811 heiratet Bettina Achim von Arnim und zieht mit ihm nach Berlin. Sieben Kinder und die landwirtschaftlichen Probleme von Gut Wiepersdorf müssen bewältigt werden – Bettina sucht ihre kleinen Fluchten auf Reisen. Nach dem Tod ihres Mannes 1831 widmet sie sich wieder mehr ihren literarischen Arbeiten und gibt ihre Briefwechsel heraus. Ob die Brüder Grimm oder den Fürsten Pückler-Muskau, die Maler oder die Musiker der Romantik – Bettina kannte sie alle und korrespondierte mit ihnen, mochte auch Bruder Clemens sich über das „heftige Kunsttreiben" mokieren und die Familie sie für überspannt halten. Sie ist eine der wenigen aus diesem Kreis, die sich politisch engagiert, in ihrem „Dies Buch gehört dem König" mutig an Friedrich Wilhelm IV. appelliert, sich der sozialen Probleme des Landes anzunehmen, was ihr am Ende ihres Lebens Probleme mit der Zensur einbringt. „Solche Lebhaftigkeit … so viel Geist und so viel Narrheit ist unerhört. Man ist wie in einer anderen Welt" – Wilhelm von Humboldt war von Bettina ebenso fasziniert wie ihre Leser heute.

„Bettina-Zimmer" im Gutshaus in Wiepersdorf bei Jüterberg, dem zeitweiligen Wohnsitz von Bettina von Arnim

Gegenüberliegende Seite: Quartettabend bei Bettina von Arnim, Aquarell von Johann Carl Arnold, um 1854/56

Maria Walewska

*** 7.12.1786 Brodno**
† 11.12.1817 Paris

Die Laczynskis waren eine hoch geachtete, aber verarmte Adelsfamilie. Man lebte weitab auf dem Land, der Vater war früh beim Aufstand gegen die Russen umgekommen. Doch die fünf Kinder sollten standesgemäß erzogen werden – Hauslehrer wurde Nicolas Chopin, der Vater des Komponisten. Auf die schöne Maria konzentrierten sich die Pläne der Mutter. In dem Grafen Walewska, 68 Jahre alt und schon zweimal verwitwet, aber einer der reichsten Grundbesitzer Polens, fand sich ein passender Bewerber. Ob die 16-jährige Maria wollte oder nicht – es wurde geheiratet und erst einmal nach Italien gereist. 1805 kam ein Sohn auf die Welt.

Ganz Europa schwärmte damals für Napoleon. Nun war der romantische Held auf dem Weg nach Warschau ins Winterquartier. Man feiert rauschende Feste, und als die Gräfin Walewska, bezaubernd in einem blauen Samtkleid, vorgestellt wird, ist Napoleons Interesse sofort geweckt. Wenige Tage später erhält sie vom Kaiser ein stürmisches Billet: „Ihr Vaterland wird mir teuer sein, wenn Sie Erbarmen mit meinem armen Herzen zeigen." Die schüchterne Maria ist verwirrt, und Napoleon schreibt wieder und wieder. Alle Welt, sogar ihr Mann, versucht sie zu überreden, denn Polen sehnt sich nach Unabhängigkeit und glaubt, einen Verbündeten gefunden zu haben. Weinend soll Maria schließlich zum Kaiser gefahren sein. Doch das ändert sich bald – Napoleon ist überaus verliebt, sie verbringen im ostpreußischen Schloss Finckenstein glückliche Wochen und fühlen sich beide wie verheiratet. Durch den Frieden von Tilsit glauben sich die Polen nun aber von Napoleon an die Russen verraten. Maria jedoch, die mit der Konvention gebrochen hat, fährt nach Paris. Dann vergehen 16 lange Monate, bis sie sich in Wien wieder sehen. Maria wird schwanger. Napoleon, der sich für impotent gehalten hatte, ist überglücklich, aber er denkt zuerst an seine Dynastie: Von Joséphine schnell geschieden, heiratet er 1810 Marie-Luise von Österreich. Im selben Jahr bringt Maria seinen Sohn Alexander auf die Welt, der später Außenminister Frankreichs wird. Doch Napoleon, inzwischen auch Vater eines Thronfolgers, bittet Maria, nach Paris zu kommen. Sie spielt nun eine glanzvolle Rolle in der Gesellschaft, und bevor Napoleon nach Russland aufbricht, bedenkt er Mutter und Sohn großzügig in seinem Testament. Maria will sich in Polen scheiden lassen und wird von Napoleon mit diplomatischen Aufträgen betraut. Sie unterstützt mit ihrem Geld Fürst Poniatowskis polnische Armee. Nachdem Napoleon alle Schlachten verloren hat und nach Elba verbannt wird, ist die treue Maria eine der wenigen, die ihn dort besuchen und später auch anbieten, ihm ins Exil nach St. Helena zu folgen. Erst 1816 heiratet sie wieder, den korsischen Grafen Ornano, einen Vetter Napoleons, und stirbt bald nach der Geburt ihres dritten Sohns.

Porträt von
Maria Walewska,
Gemälde von François
Gérard

George Sand

*** 1.7.1804 Paris**
† 7.6.1876 Nohant

George Sand, zeitgenössisches Gemälde

Die Nachwelt hat eher ihre Liebhaber gezählt als sich mit ihrem literarischen Schaffen beschäftigt. George Sand war eine Frau, die sich um keine Konvention scherte, die zigarrerauchend in Männerkleidern durch die Pariser Salons spazierte und sich in einer heuchlerischen Zeit offen zur körperlichen Liebe bekannte. Ihre leidenschaftliche Natur erfüllte sich aber eigentlich erst im Schreiben. Sie hat mehr als hundert Romane und Theaterstücke hinterlassen und wurde noch von Marcel Proust und Heinrich Mann bewundert, der schrieb: „Man erlebt das weibliche Genie selbst, mit seiner Neigung zu versöhnen, das Glück und das Wahre in einem zu finden."

Amandine Aurore Lucile Dupin wächst meist bei der geliebten Großmutter auf dem Land im Berry auf. Die Großmutter, eine Dame von Welt und natürliche Tochter des Marschalls Moritz von Sachsen, vermachte der Enkelin später das Schlösschen Nohant. 1822 heiratet sie den Baron Casimir Dudevant, zwei Kinder werden geboren. Während der Baron auf die Jagd geht, langweilt sich die junge Frau und beginnt zu schreiben. 1828 verliebt sie sich in den Studenten Jules Sandeau und einigt sich mit ihrem Mann, ein halbes Jahr in Paris zu verbringen. Sie beginnt eine Karriere als Journalistin. „Rose et Blanche", ein gemeinsamer Roman mit Sandeau, erscheint 1831 unter dem Pseudonym J. Sand. Schon im nächsten Jahr folgt ihr erster eigener Roman, „Indiana", der von aller Welt gelobt wird. Sie nennt sich nun George Sand und entdeckt mit ihrer neuen Freundin Marie Dorval das Theater. 1833 macht der Roman „Lelia" Skandal, und George Sand reist mit ihrer neuen Liebe, dem romantischen Dichter Alfred de Musset, nach Italien. Zurück in Paris lernt sie Franz Liszt, Heinrich Heine, Honoré de Balzac, Sainte-Beuve und Eugène Delacroix kennen, ihr Salon wird zum Mittelpunkt der Künstler wie der oppositionellen republikanischen Kreise. 1836 geschieden, schreibt sie den Roman „Mauprat“, der zum Plädoyer gegen die konventionelle Ehe wird. 1838 beginnt die Romanze mit Frédéric Chopin. Auf den verregneten Winter in Mallorca folgen neun glückliche Jahre. „Lucrezia Floriani“ ist der Schlüsselroman dieser Beziehung wie es „Elle et Lui“ für die Liaison mit Musset war. Unter dem Einfluss der Saint-Simonisten politisch engagiert, setzt George Sand sich für die Revolution und für ein selbstbestimmtes Frauenleben ohne patriarchalische Zwänge ein, fühlt sich jedoch eher geniert, als die Feministinnen sie 1848 für die Nationalversammlung vorschlagen. 1849 wird der Graveur Alexandre Manceau zum Begleiter für die nächsten 15 Jahre. In Nohant wird ein kleines Theater eingerichtet, um George Sands Stücke zu proben. Als „gute Dame von Nohant“ und „Muse der Revolution“ wird sie nun zum Stern einer neuen Zeit, denn eine junge Schriftstellergeneration, die sie bewundert, ist herangewachsen. Alexandre Dumas fils nennt sie zärtlich „maman“, von funkelnder Lebendigkeit ist ihre Korrespondenz mit Gustave Flaubert. Die Kommune lehnt George Sand ab, bei den Revolutionären hatte sie sich wegen ihrer guten Kontakte zu Napoleon III. ohnehin unbeliebt gemacht.

In ihren Anfängen eine bessere Nachfolgerin Jean-Jacques Rousseaus, dann mit allem lyrischen Temperament der Romantik und schließlich engagiert für einen freieren Geist in der Politik, sind ihr Leben und Lieben ganz in die Romane eingegangen. George Sand hatte die außerordentliche Begabung, das Leben wie in einem Spiegel einzufangen. Als Naturtalent beherrscht sie mit spielerischer Leichtigkeit die Technik des Erzählens. Ob in „Consuelo“, ihrem wohl heute bekanntesten Roman, oder in „La mare au diable“ – immer wieder hat sie das große Thema des 19. Jahrhunderts, der Mensch zwischen Natur und Gesellschaft, eingekreist. Und ihr Leben selbst wurde zum Kunstwerk.

„George Sand und ihre Freunde in Nohant 1838“ (Ausschnitt: George Sand, Eugene Delacroix, Franz Liszt), Fächer, 1838 von George Sand und Auguste Charpentier bemalt

Fanny Hensel

*** 15.11.1805 Hamburg**
† 14.5.1847 Berlin

Sie war die älteste Tochter des Bankiers Abraham Mendelssohn und Enkelin des jüdischen Philosophen und Aufklärers Moses Mendelssohn. Berühmt wurde allerdings ihr jüngerer Bruder, der Komponist Felix Mendelssohn-Bartholdy. Die Eltern gaben beiden Kindern eine fundierte musikalische und literarische Ausbildung, Kompositionslehrer war Carl Friedrich Zelter – doch Vater und Bruder verboten die Veröffentlichung von Fannys Kompositionen. „Deine Komposition ist herrlich, aber wenn Du so weitermachst, was wird dann aus Deiner Familie?", fragt Felix streng und vielleicht nicht ganz uneigennützig, denn inzwischen ist die Forschung der Meinung, dass einiges in seinen Werken der Inspiration Fannys zu verdanken ist. Dabei hätte der berühmte Komponist keine Konkurrenz fürchten müssen. Ermutigt hat sie jedoch ihr Mann, der Hofmaler Wilhelm Hensel, den sie 1829 heiratet

Fanny Hensel, Lithographie, um 1830

Titelseite des Notendrucks

– einige Lieder und Kammermusik erscheinen dann doch. Wie umfangreich und bedeutend ihre Kompositionen waren, stellte sich erst vor wenigen Jahren heraus, als der Nachlass bekannt wurde: an die 400 Werke – Oratorien, Lieder, Klavier- und Kammermusik. Einiges hat Fanny wohl heimlich geschrieben, Klaviermusik konnte sie allerdings bei den Sonntagskonzerten im Elternhaus und später im privaten Kreis spielen. Die Hensels führen eine harmonische Ehe, der Sohn Sebastian wird geboren und 1839 reisen sie nach Italien, ins „Land der Phantasie“. Fanny schickt fröhliche Briefe nach Hause, die sich mit oft kritischen Untertönen vom Enthusiasmus der damaligen Bildungsreisenden angenehm unterscheiden. Zum Missvergnügen ihres preußischen Mannes lernt sie auch das dolce far niente schätzen. Doch sie komponiert viel und befreundet sich in Rom mit dem Maler Ingres und dem jungen Charles Gounod, der ihr Klavierspiel bewundert – sie zieht die Gesellschaft der Franzosen ohnehin den frömmelnden Nazarenern vor. Wieder zurück in Berlin folgen ruhigere Jahre, weiter in engem Kontakt mit dem Bruder, bis sie, zu früh, an einem Gehirnschlag stirbt.

Grabmal auf dem Dreifaltigkeitskirchhof in Berlin-Kreuzberg

Fanny Elßler

*** 23.6.1810 Gumpendorf**
† 27.11.1884 Wien

„Sie war das Lächeln dieses Jahrhunderts", erinnern sich alle, die die Tänzerin sahen. Ihr Vater war Leibkopist Joseph Haydns, das Talent von Fanny und ihrer Schwester Therese wird früh gefördert, erst in der strengen Tradition des französischen Balletts am Hoftheater am Kärtnertor, dann in der temperamentvolleren italienischen Schule in Neapel. Aus der schwärmerischen Liaison mit Prinz Leopold, dem Enkel Maria Theresias, stammt ein Sohn, dessen Geburt jedoch geheim gehalten wird. Zurück in Wien, freundet Fanny sich mit dem bedeutenden Politiker Friedrich Gentz an, auch eine Liebschaft mit dem Herzog von Reichstadt, Napoleons Sohn, wird ihr nachgesagt. Ihre Schwester Therese wird 1850 die morganatische Ehefrau des Prinzen Adalbert von Preußen. Überall feiert Fanny Triumphe. „Die kleine Elßler tanzt zum Bewundern", berichtet Zelter an Goethe. Sie bleibt in der klassischen Tradition, belebt aber den nationalen Tanz – ihre Cracovienne und Cachucha sind unerreicht. Ihr Stil, so natürlich wie romantisch und gefühlsbetont, war damals völlig neu. Als „tanzenden Körper mit Begierden" beschrieb sie der Dichter Franz Grillparzer. Immer eine Reisekaffeemaschine im Gepäck, fährt Fanny nach Russland und Amerika – in New Orleans regnete es Diamanten auf die Bühne, für ihren Empfang in Washington unterbrach der Kongress seine Sitzung. In Paris kommt es zu Straßenschlachten zwischen ihren Fans und denen der Primaballerina Marie Taglioni, die Universität Oxford verlieh ihr den Ehrendoktor der Tanzkunst. Mit dem Ballet „Faust" nimmt Fanny 1851 ihren Abschied von der Bühne. Durch die Tourneen reich geworden, lebt sie, inzwischen Großmutter und „immer noch zum Verlieben", in Wien, umschwärmt von Adel, Künstlern und Literaten.

Victoria

* 24.5.1819 Kensington/London
† 22.1.1901 Osborne

Königin Victoria, Gemälde von William Essex, 1858

Als die einzige Tochter Edwards von Kent und seiner Frau Victoria von Sachsen-Coburg-Gotha geboren wird, dachte niemand an eine Krone, denn der Herzog von Kent war der vierte Sohn König Georgs III. Doch gerade volljährig geworden, besteigt Victoria, „ein rundbäckiges, blauäugiges Persönchen", 1837 den englischen Thron. 1840 heiratet sie Prinz Albert von Sachsen-Coburg-Gotha. Obwohl sie das Kinderkriegen hasst (und es sich später durch die damals revolutionäre Narkose erleichtert), bringt sie pflichtbewusst neun Söhne und Töchter zur Welt und wird durch ihre Heiraten zur Großmutter fast aller europäischen Fürstenhäuser.

Victoria, die Zeit ihres Lebens die parlamentarischen Traditionen hochgehalten hat, muss nun die Kunst des Regierens lernen – obwohl die Monarchie keine wirkliche Macht mehr besaß. Zehn Premierminister sah sie kommen und gehen, sie schätzte Lord Melbourne und hatte Probleme mit Sir Robert Peel, sie war entzückt von dem brillanten Benjamin Disraeli und irritiert von Henry Palmerston, der von den Torys zu den Whigs wechselt, William Gladstone verdankte sie die erfolgreiche Wirtschaftspolitik. Die größte Stütze aber wurde ihr Mann Albert. Obwohl er als Prinzgemahl keinerlei Rechte hatte, nahm er im Hintergrund die Fäden geschickt in die Hand. Er machte aus Victoria eine Königin des bürgerlichen Fortschritts, dessen international bestaunte Manifestation 1851 die „Great Exhibition" mit dem spektakulären „Kristallpalast" wurde. Auf dem Ausstellungsgelände steht heute die Royal Albert Hall.

Der strebsame und vielseitig interessierte Albert kauft 1844 Osborne House auf der Isle of Wight und lässt es nach eigenen Entwürfen umbauen. Victoria, die das friedliche private Familienleben auf dem Land liebt, kann hier sogar im Meer baden; später wird das schottische Schloss Balmoral ihr bevorzugter Aufenthalt – wenig geschätzt allerdings von den Regierungsmitgliedern, die die weite Reise scheuten.

Albert hatte nun seinen Schreibtisch im Buckingham Palace neben dem der Königin stehen.

Manöverszene der
42nd Highlanders
(rechts, Königin Victoria),
Kreidelithographie

Gegenüberliegende Seite:
Königin Victoria und
Prinz Albert als Gäste von
König Louis Philippe von
Frankreich im Schloss d'Eu,
1845,
Gemälde von Franz
Xaver Winterhalter

Eröffnung des englischen Parlamentes unter Königin Victoria im Jahre 1876, zeitgenössischer Holzstich

Die englische Königsfamilie. Königin Victoria mit Prinzgemahl Albert und den Kindern Victoria, Eduard, Alice, Alfred und Helene, Holzstich nach einem Gemälde von Franz Xaver Winterhalter

60-jähriges Regierungsjubiläum, Farbdruck

Es war eine privat wie politisch glückliche Verbindung und Victoria ist schwer getroffen, als er 1861 zu früh an Typhus stirbt. Es ist schwer für sie, allein und erwachsen sein zu müssen. Sie zieht sich mehr und mehr aus dem öffentlichen Leben zurück, widmet sich aber mit trauriger Energie den Regierungsgeschäften – der leichtlebige Thronfolger „Bertie“ gibt zunächst nicht zu allzu großen Hoffnungen Anlass, Probleme hat auch Tochter Victoria, die mit dem deutschen Kronprinzen Friedrich verheiratet ist. Victoria hasst den Kanzler Bismarck, vergöttert jedoch ihren Enkel, den späteren Kaiser Wilhelm II.

1876 wird Victoria zur Kaiserin von Indien erhoben, das britische Empire sollte sich in ihrer Regierungszeit um das Zehnfache vergrößern. International allerdings kriselt es – auf der Krim, in China, Afrika, Ägypten und auf dem Balkan. Die Wirtschaft im Land jedoch boomt – mit allen sozialen Problemen der frühen Industrialisierung. Karl Marx schreibt in London seine Kapitalismuskritik, doch das Panorama jener Jahre entfaltet sich in den Romanen von Charles Dickens. Victoria hat den Dichter empfangen – viel Zeit zum Lesen ließ ihr das Aktenstudium allerdings nicht und ihr Interesse galt eher der Musik. Groß gefeiert wird das goldene Regierungsjubiläum, beim diamantenen bleibt die 78-jährige Königin aber in ihrer Kutsche vor der St.-Pauls-Kathedrale sitzen – nicht ohne vorher das erste Telegraphenbüro des Landes einzuweihen. Als die Königin in Balmoral starb, ging mit ihr eine Epoche zu Ende – das viktorianische Zeitalter.

Clara Schumann

* 13.9.1819 Leipzig
† 20.5.1896 Frankfurt/Main

Clara Schumann, Gemälde

Sie war ein gefeiertes pianistisches Wunderkind – aber schließlich war Vater Wieck auch einer der renommiertesten Klavierpädagogen seiner Zeit, und er unterrichtete seine Tochter Clara schon mit fünf Jahren. Eines Tages kam der angehende Komponist Robert Schumann als Klavierschüler ins Haus. Clara Wieck war noch ein Kind, aber aus der Freundschaft entwickelte sich bald eine große Liebe. Sie heiraten – zum Zorn des Vaters, der seine auf internationalen Konzertreisen gefeierte Tochter nicht an einen brotlosen Künstler verlieren will. Es kam deswegen zu einem so unangenehmen wie spektakulären Prozess und erst spät zu einer halben Versöhnung. Clara war nicht emanzipiert im modernen Sinn, aber sie wusste, was sie wollte, obwohl ihr nun der Haushalt, acht Kinder und ein zu Depressionen neigender Mann kaum Zeit ließen. Sie hat auch komponiert, Lieder, ein Klavierkonzert und ein Trio, Fugen und Präludien, als „zart und musikreich" von ihrem Mann gelobt, aber auch kritisiert. Robert Schumann war allerdings oft eifersüchtig auf die großen Konzerterfolge Claras. Das hätte sich mit seiner Berufung als Musikdirektor nach Düsseldorf ändern können, doch nun zeigt sich deutlich seine Krankheit: Er kommt in die Nervenheilanstalt Endenich und stirbt 1856. Nach seinem Tod hat Clara nicht mehr komponiert.

Mit ihren Konzerten hatte sie schon immer das Geld für die Familie verdienen müssen, nun geht sie wieder auf Tournee, zieht 1863 nach Baden-Baden, glücklich als Muse des alten Freundes Johannes Brahms, wird 1878 Dozentin am Hoch'schen Konservatorium in Frankfurt und gibt die Werke Schumanns heraus. Sie hat das Schaffen Robert Schumanns, damals musikalische Avantgarde, immer inspiriert, ihr ganzes Leben lang hat sie mit ihren Konzerten zu seinem Ruhm beigetragen. Den Zeitgenossen galt sie als Virtuosin mit Seele, als unvergleichliches Podiumstemperament und auch als ideale Interpretin Beethovens.

Gegenüberliegende Seite: Clara Schumann mit ihrem Mann Robert, Lithographie um 1850

George Eliot

* 22.11.1819 Arbury Farm/Warwickshire
† 22.12.1880 London

George Eliot, um 1860

„Ich wünschte, sie hätte heute gelebt und der ganze Unfug wäre ihr erspart geblieben", schrieb Virginia Woolf über Mary Ann Evans. Mit „Unfug" meinte sie, dass diese junge Frau ihre Romane unter einem männlichen Pseudonym, George Eliot, erscheinen lassen musste. „Unfug" waren auch die Zwänge der viktorianischen Gesellschaft, in der die Tochter eines Gutsverwalters und Baumeisters zur Außenseiterin wurde, weil sie „in wilder Ehe" mit dem Schriftsteller und Goethe-Biographen George Henry Lewes zusammenlebte. Nach seinem Tod 1878 heiratete sie einen alten Freund, den Bankier J. Walter Cross. Ihre ersten Veröffentlichungen waren Übersetzungen der damals viel diskutierten deutschen Philosophen D. F. Strauß und Ludwig Feuerbach. Sie reiste viel durch Europa und arbeitete dann seit 1851 als Kritikerin bei der Redaktion der liberalen „Westminster Review" in London.

George Eliots Geburtshaus South Farm

Lewes ermutigte sie, es mit erzählender Prosa zu versuchen. Als ihr erster Roman „The Sad Fortunes of the Reverend Amos Barton" im „Blackwood Magazin" unter dem männlichen Pseudonym George Eliot erschien, war Charles Dickens begeistert – er vermutete sogar einen weiblichen Autor! Und noch der Schriftsteller Henry James wunderte sich, wie eine so unscheinbare englische Lady so tiefe und reiche Romane schreiben konnte. Den Durchbruch bringt 1859 „Adam Bede" mit seiner melodramatischen Handlung und den realistischen Detailschilderungen. Ihre Meisterwerke, „The Mill on the floss" und „Middlemarch", sind Meilensteine des viktorianischen Gesellschaftsromans. George Eliot besaß ein feines Gespür für den sozialen Wandel ihrer Zeit und gestaltete ihre figurenreichen Romane mit lebendiger Erzählkunst.

Bozena Němcová

*** 4.2.1820 Wien**
† 21.1.1862 Prag

Ihre Eltern standen im Dienst der Herzogin Wilhelmine von Sagan, einer gefeierten Schönheit ihrer Zeit, unter deren vielen Liebhabern auch Metternich war. Barbara Panklová, ein aufgewecktes fröhliches Kind, wächst bei der Großmutter in Ratiborice am Fuß des Riesengebirges auf und heiratet 1837 auf Wunsch der Mutter den 15 Jahre älteren Zollbeamten Josef. Sie hatten vier Kinder, doch was sie allenfalls vorübergehend mit ihrem Mann verband, war das Engagement für die tschechische Unabhängigkeit. 1842 kommt sie in Prag mit literarischen Kreisen in Berührung, lernt den Redakteur Tyl kennen und beginnt zunächst patriotische Gedichte und romantische Erzählungen zu schreiben. In Taus sammelt sie dann alte Märchen und wendet sich, wieder in Prag, zunehmend sozialen Problemen zu. Ihr politisches Engagement, ihre kritischen Schriften wie ihr ungezwungenes Leben bringen sie in Konflikt mit der Polizei; zunehmend krank, lebt sie in Armut und Elend, aus dem sie auch der Erfolg des 1855 erschienenen Romans „Babicka“ (Großmutter) nicht befreit. Diese „Bilder aus dem Landleben“ sind ein Meisterwerk und begründen die tschechische Literatur des Realismus. Die eigenen Erinnerungen an die bäuerliche Großmutter und die Herzogin sind zum Bild eines verschwundenen Zeitalters verwoben, die reichen Ebenen Böhmens und seine Menschen, die im Rhythmus der Jahreszeiten leben, werden lebendig. Der kleine Kosmos des Dorfes wird nicht als Idyll, aber mit liebevoll realistischen Details im Geist der Humanität dargestellt. Die Figur der Großmutter hat sie ohne alles Pathos als die große Mutter, Mittelpunkt der slawischen Welt, gestaltet. Noch Franz Kafka bewunderte die eindringliche „Sprachmusik“ der Božena Němcová.

Božena Němcová im Jahr 1845, Gemälde von Josef Hellich

Florence Nightingale

*** 12.5.1820 Florenz**
† 13.8.1910 London

Die reichen Eltern waren entsetzt über den Berufswunsch der Tochter – in einer guten Familie wird man nicht Pflegerin! Doch Florence fühlt sich von Gott berufen, sie setzt sich durch und geht nach Kaiserswerth, wo sie sich in der von Theodor Fliedner gegründeten Diakonissenanstalt und dann bei den Barmherzigen Schwestern in Paris ausbilden lässt. Sie will aber keinen religiösen Orden gründen, sondern Frauen „eine hoch bezahlte Karriere eröffnen" – sie müssen die bestmögliche Ausbildung bekommen, findet Florence Nightingale, obwohl sie sich sonst der Frauenbewegung nicht anschließen will. Als 1853 der Krimkrieg ausbricht, bekommt sie von Kriegsminister Sidney Herbert den Auftrag, Lazarette einzurichten. Mit einigen Begleiterinnen macht sie sich auf den Weg nach Balaklawa auf der Krim und Skutari am Bosporus. Vor allem durch verbesserte hygienische Bedingungen gelang der Rückgang der Typhus-, Cholera- und Ruhrerkrankungen bei den Verwundeten. Entschlossen reorganisierte Florence Nightingale das ganze Sanitätswesen, wodurch sie tausenden von Soldaten das Leben rettete. 1856 zurück in London, kämpft sie weiter für eine bessere medizinische Versorgung und Hygiene in Krankenhäusern und Kasernen, organisiert im ganzen britischen Empire die Ausbildung von Krankenschwestern und Militärärzten, seit 1860 auch mit einer eigenen Schwesternschule in London, schreibt Bücher und sammelt Spenden. „Ich beneide sie", vertraute Königin Victoria ihrem Tagebuch an. Sie lud Florence Nightingale mehrmals nach Schloss Balmoral ein, und die beiden fast gleichaltrigen Frauen fanden im Gespräch viele Gemeinsamkeiten. 1907 war sie die erste Frau, die einen Verdienstorden erhielt, und 1908 wurde sie Ehrenbürgerin von London.

Florence Nightingale mit ihrer Schwester Parthenope, Aquarell von William White, 1836

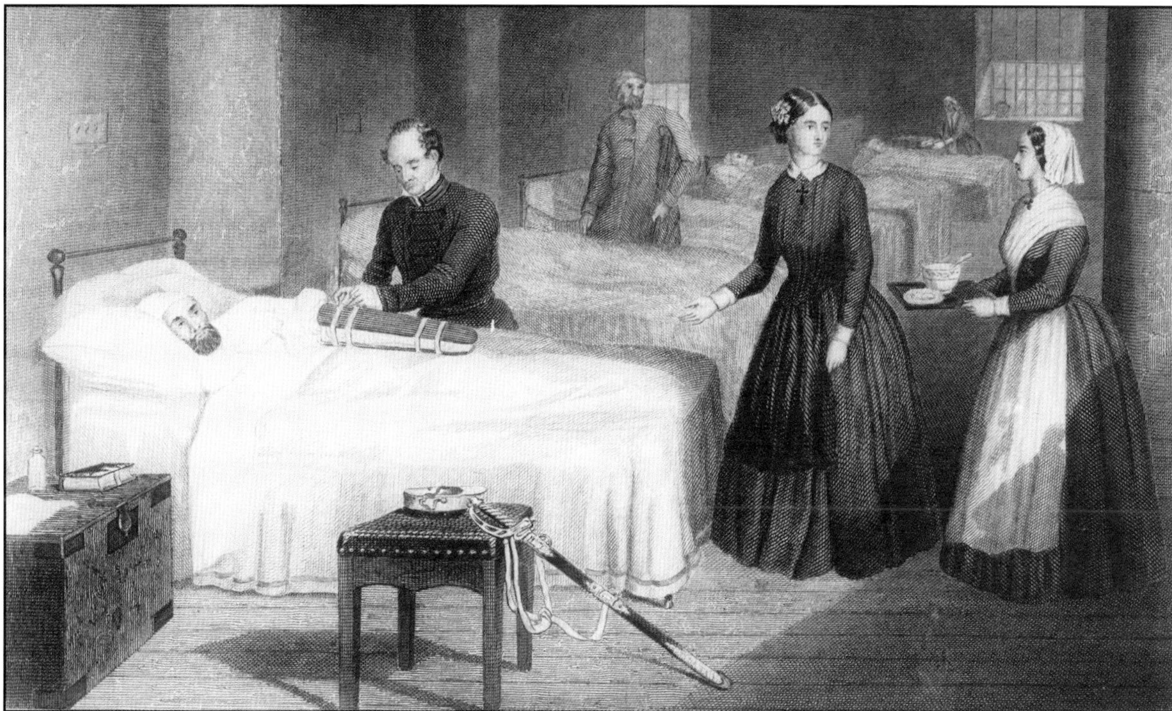

Florence Nightingale als Vorsteherin des Lazaretts in Skutari während des Krimkriegs 1853–1856, zeitgenössischer Stahlstich

Die Nacht nach der Schlacht von Alma (Krimkrieg). Florence Nightingale pflegt Verwundete, zeitgenössischer Stahlstich

Lola Montez

*** wahrscheinlich 1820 in Irland**
† 17.1.1861 New York

Gegenüberliegende Seite: Lola Montez, Gemälde von Joseph Karl Stieler, 1847

„Lola has come! Enthusiastic reception of Lola by an american audience". Karikatur auf den Auftritt von Lola Montez in Amerika, Lithographie, um 1852

Sie war keine spanische Adlige und keine gute Tänzerin – die Frau, die einen europäischen Thron ins Wanken brachte, hat früh ihre eigene Legende geschaffen, was die Spurensuche schwierig macht. Eliza Gilbert ist in England und Indien aufgewachsen, sie war schön, besaß vor allem Energie und sorgte schon früh für Skandale. Verführerisch in extravaganter schwarzer Kleidung, mit Reitpeitsche und Zigarre, sorgte sie in allen Residenzen Europas für Furore – allerdings nicht am Theater, sondern in Polizeiberichten. Liebhaber fanden sich reichlich, darunter auch Franz Liszt, und als sie 1846 in München keine Auftrittserlaubnis bekam, erzwang sie selbstbewusst eine Audienz bei Ludwig I. Der 60-jährige König entbrannte „wie der Vesuv". Zwei Tage später tanzte sie, nach vier Wochen hatte sie Zugriff auf die königliche Privatschatulle, sie kauft ein Palais, wird zur Gräfin von Landsfeld erhoben und von Joseph Stieler für die „Schönheitsgalerie" des Königs gemalt. Ihre Bühne war nun die Politik, wo Lola kräftig gegen die konservative Regierung intrigiert. Ihre exzentrischen Auftritte machten sie jedoch beim Volk höchst unbeliebt, das gegen die machtgierige Mätresse demonstriert. Im März 1848 muss Lola fliehen, neun Tage später dankt der kompromittierte König ab, finanziert aber weiter ihr verschwenderisches Leben in der Schweiz. In Paris schreibt Lola ihre „Memoiren", in denen sie gegen die Männerherrschaft wettert, heiratet in London den noch nicht volljährigen George Heald, weswegen sie vor Gericht kommt, und fährt, nachdem der europäische Boden zu heiß wird, nach Amerika. Dort tanzt sie die Geschichte ihres Lebens, heiratet abermals in Kalifornien und hält im Wilden Westen Salon. Eine neue Tournee führt sie mit immer neuen Männern und Skandalen bis nach Australien. Zurück in Amerika soll sie als reuige Sünderin verarmt gestorben sein.

Elisabeth, Kaiserin von Österreich

*** 24.12.1837 München**
† 10.9.1898 Genf

Am Heiligabend und schon mit einem Zahn kam die Wittelsbacher Prinzessin auf die Welt. „Sisi" wuchs in Possenhofen am Starnberger See mit sieben Geschwistern in ländlicher Umgebung und ohne großes Zeremoniell auf. Nun soll sich ihre Schwester Helene mit dem österreichischen Kaiser verloben und eher zufällig fährt Sisi 1853 mit nach Bad Ischl. Doch Franz Joseph I. verliebt sich sofort in das „süße, frische" Mädchen. „Ich habe den Kaiser so lieb! Wenn er nur kein Kaiser wäre", kommentiert die 15-jährige ihre Verlobung. Bis zur Hochzeit im April 1854 muss Elisabeth noch viel lernen. Auf einem blumengeschmückten Schiff fährt die Braut dann nach Wien, wo mit allem Pomp gefeiert wird. Erzherzogin Sophie, für Sisi die böse Schwiegermutter, ist die heimliche Kaiserin

Trauung mit Kaiser Franz Joseph I., 24. April 1854, Holzstich, um 1880

Kaiserin Elisabeth,
Gemälde von Franz Xaver
Winterhalter, 1864

Die Krönung in Pest-Ofen: Ankunft der Kaiserin-Königin Elisabeth vor dem Portal der Krönungskirche am 8. Juni 1867, Holzstich

am Wiener Hof – sie zwingt die junge Frau unerbittlich in das starre Hofzeremoniell. Doch Elisabeth will sich nicht in einen goldenen Käfig sperren lassen. Ihr ganzes Leben langt kämpft sie um ihre Unabhängigkeit – und mit Heimweh. Franz Joseph betet seine „Engels-Sisi" an, doch er ist nüchtern und praktisch veranlagt und sitzt schon während der Flitterwochen frühmorgens am Schreibtisch. Zwei Töchter und 1858 endlich der Sohn Rudolf werden geboren. Elisabeth kümmert sich kaum um Politik, ist ihrem Mann jedoch beim Repräsentieren eine große Hilfe, jeder bewundert ihre große Schönheit. Vor allem auf Reisen lebt die vom Hofprotokoll frustrierte Kaiserin auf. Als sie nach der verlorenen Schlacht von Königsgrätz nach Ungarn fliehen muss, macht sie das Beste daraus. Sie liebt dieses Land und seine Menschen, freundet sich mit Graf Andrássy an und lernt perfekt die Sprache – die Krönung 1867 ist auch für sie ein Triumph. 1868 kommt ihre jüngste Tochter in Ungarn auf Schloss Gödöllö auf die Welt.

Franz Xaver Winterhalter hat die Kaiserin mit glitzerndem Sternenschmuck im Haar unnahbar schön gemalt. Elisabeth kleidete sich erlesen, brauchte aber Stunden für ihre Garderobe und einen halben Tag, um ihr schönes knöchellanges Haar waschen zu lassen – der Kaiser musste sich mit seinen Terminen danach richten! Sie hatte sich in der Hofburg ein Turnzimmer eingerichtet und war bis zur Hysterie – sie litt unter Essstörungen – figurbewusst. Wien und die Hofburg, die sie ihre „Kerkerburg" nannte, werden ihr immer verhasster.

Elisabeth wird krank, verreist immer öfter allein, kränkt sich auch über die Seitensprünge ihres Mannes und leidet vor allem unter der ständigen Überwachung. Alles klatscht über ihre „Verrücktheiten" – dazu gehören die Leidenschaft fürs Reiten ebenso wie die Liebe zur Literatur und die Gedichte, die sie schreibt. Die meisten Geschichten um den bayerischen König Ludwig II., mit dem Sisis Schwester Sophie kurze Zeit verlobt war, gehören allerdings ins Reich der Legende. Aber sie hat sich endlich gegen Erzherzogin Sophie durchgesetzt und sorgt für eine liberale Erziehung des Thronfolgers. Menschenscheu entzieht sie sich mehr und mehr den stupiden Repräsentationspflichten. Und auch, wenn sie den Kaiser nicht mehr liebt, achtet sie ihn hoch und begünstigt nun, neuer Skandal, seine Freundschaft mit der Schauspielerin Katharina Schratt.

Nachdem ihr Sohn Kronprinz Rudolf mit Mary Vetsera 1889 tot im Jagdschloss Mayerling gefunden worden war, trägt Elisabeth nur noch Schwarz. Noch rastloser reist sie nun durch Europa, selbst die geliebte Villa in Korfu bietet keinen Trost. Bei einem Aufenthalt in Genf stößt Luigi Lucheni ihr eine spitze Feile ins Herz – eigentlich wollte der italienische Anarchist den Prinzen von Orléans ermorden. Das k. und k. Habsburger Reich sollte nicht mehr lange Bestand haben.

Elisabeth wird am 10. September 1898 in Genf von dem italienischen Anarchisten Luigi Lucheni ermordet. Farbdruck

Sarah Bernhardt

*** 22.10.1844 Paris**
† 26.3.1923 Paris

Sarah Bernhardt mit selbst geschaffener Porträtbüste, Fotografie, um 1876

Henriette Rosine Van Hard wuchs in der Demimonde auf. Zwei Freunde ihrer Mutter, Alexandre Dumas père und der Duc de Morny, verhalfen ihr zur Ausbildung am Konservatorium in Paris und zum Debut an der Comédie Française. Das exzentrische junge Mädchen macht jedoch erst einmal Skandale und bekommt zwischendurch einen Sohn vom Fürsten de Ligne. Der Durchbruch als Schauspielerin gelingt ihr 1867 am Odéon – ganz Paris liegt dem neuen „übernatürlichen" Star zu Füßen. Sarah Bernhardt war nicht eigentlich schön, aber eine Meisterin des Theatralischen, die mit unbeirrbarem Instinkt, großer Leidenschaft, poetischer Bewegtheit und oft ausgefallener Gestik spielte. Sie hatte alle großen Rollen des französischen Theaters in ihrem Repertoire und feierte als „Phèdre" oder „Dame aux Camélias" Triumphe. Vor allem ihre „goldene" Stimme brachte die Kritiker ins Schwärmen. Aber die Diva hatte auch großes Talent für Publicity: Sie hielt sich einen Puma und hatte einen Sarg im Schlafzimmer stehen, sie ging als eine der ersten Frauen mit dem Ballon in die Luft und machte Reklame für Getränke. Die Millionen, die sie auf ihren Tourneen durch die ganze Welt verdiente, waren schnell für ihren verschwenderischen Lebensstil verbraucht. 1893 übernahm sie die Leitung des Théâtre de la Renaissance, in dem sie auch moderne Autoren auf die Bühne brachte, 1899 pachtete sie dann das nach ihr benannte Théâtre Sarah Bernhardt. Sie war inzwischen Großmutter und Ritter der Ehrenlegion geworden, aber sie schien nicht zu altern, wenn ihre Gesundheit auch immer diffizil war. 1916 jedoch musste sie sich ein Bein amputieren lassen. „Quand même" war ohnehin schon immer ihr Motto gewesen – nun ließ sie sich, Krücken kamen nicht in Frage, eine vergoldete Sänfte im Stil Louis XV. anfertigen – und spielte weiter, wenn auch zuletzt als Monument ihrer selbst. Doch ihr geheimnisvolles Feuer war geblieben.

„La Diaphane".
Plakatwerbung für Puder
mit dem Porträt Sarah
Bernhardts,
Farbdruck, 1890

Sarah Bernhardt am Strand von Belle-Île, Gemälde von Georges Clairin, um 1876

Gegenüberliegende Seite:
Sarah Bernhardt, Gemälde von Georges Clairin, 1876

G. Clairin.

Clara Zetkin

* 5.7.1857 Wiederau/Sachsen
† 20.6.1933 Archangelskoje/Russland

„Die gefährlichste Hexe des deutschen Reiches", schimpfte Kaiser Wilhelm II., „die Frau, die dem Mann gleich ist", bewunderte der französische Schriftsteller Louis Aragon – und das bezeichnet die Pole im Leben der Frau, die 1932 Alterspräsidentin des Deutschen Reichstags wurde. Clara Eisner stammt aus einer Lehrerfamilie, wird Lehrerin und lernt früh den russischen Sozialisten Ossip Zetkin kennen. Sie engagiert sich in der Arbeiterbewegung und tritt 1878 in die SPD ein. Sie begleitet Zetkin ins Exil nach Zürich und Paris, zwei Kinder kommen auf die Welt, geheiratet wird jedoch erst später und Zetkin stirbt schon 1889. Später liiert sie sich mit dem viel jüngeren Maler Friedrich Zundel. Wieder zurück in Deutschland, ist sie in der Bildungs- und Frauenpolitik tätig und gibt die von ihr mit gegründete Zeitschrift „Gleichheit" heraus. 1910 fordert sie, eine zündende Rednerin, auf dem Internationalen Frauentag „das Recht der Frau, über sich selbst zu verfügen". Die wirtschaftliche Unabhängigkeit der Frau bleibt eines ihrer Hauptanliegen, überall gründet sie Frauengruppen. Bis 1914 bleibt Clara Zetkin im Parteivorstand der SPD, ist jedoch eine der wenigen, die gegen die Kriegskredite stimmen. 1917 wird sie, mit Rosa Luxemburg befreundet, Mitbegründerin des Spartakusbundes und tritt 1919 schließlich zur KPD über. War sie der SPD zu links, so wird sie nun von der KPD der Rechtsabweichung beschuldigt. Auch als Reichstagsabgeordnete kämpft sie weiter kompromisslos für die Rechte der Frauen und setzt sich schon 1923 kritisch mit dem Faschismus auseinander. Befreundet mit der Witwe Lenins, lebt Clara Zetkin, herzkrank und teilweise erblindet, später meist in Russland.

Clara Zetkin, Fotografie, 1912

5. Weltkongress der Kommunistischen Internationale in Moskau 1925: Clara Zetkin mit Simowew, Ernst Thälmann u.a.

3. Weltkongress der Kommunistischen Internationale in Moskau 1921: Clara Zetkin in einer Gruppe Delegierter

Selma Lagerlöf

20.11.1858 Märbacka/Värmland
16.3.1940 Märbacka/Värmland

Selma Lagerlöf,
Fotografie, um 1925

Auf dem elterlichen Gut im Värmland, erzogen von Gouvernanten, verbrachte Selma Lagerlöf eine behütete Kindheit. Durch ein angeborenes Hüftleiden blieb sie jedoch ihr ganzes Leben lang gehbehindert. Sie besucht das Lehrerinnenseminar in Stockholm und arbeitet dann als Lehrerin. Nach dem Tod des Vaters kann die Familie das Gut nicht halten, aber dank eines Stipendiums kann Selma Lagerlöf nach Italien und Palästina reisen. Sie lebt nun als freie Schriftstellerin in Falun, und 1891 wird ihr erster Roman „Gösta Berling" gleich ein großer Erfolg. Fantasiereich fabuliert sie über die wechselnden Schicksale, bunten Abenteuer und vergangenen Tage auf den großen Herrenhöfen und in den tiefen Wäldern des Värmlands. Der Roman ist der Abschied vom damals vorherrschenden Naturalismus und der Beginn einer neuen Romantik. In ihren nächsten Romanen greift Selma Lagerlöf auch soziale Fragen auf und wendet sich immer wieder der Märchen- und Sagenwelt zu. Ihr vielleicht beliebtestes Werk ist das 1906 erschienene Kinderbuch „Die wunderbare Reise des kleinen Nils Holgersson", das als Lesebuch für den Heimatkundeunterricht entstanden war. Der kleine Nils, zum Däumling verwandelt, fliegt mit den Wildgänsen über Schweden – Land, Leute und Tiere werden aus der Vogelperspektive lebendig. 1909 erhält Selma Lagerlöf den Nobelpreis, und nun kann sie den Traumort ihrer Kindheit, das väterliche Gut, zurückkaufen. Hier schreibt sie weitere Romane,

Selma Lafgerlöfs Gut
in Schweden,
Farbpostkarte, um 1930

auch mit historischen Themen, alle klar und realistisch erzählt und in humanistischer Tradition. Selma Lagerlöf engagierte sich auch in der Frauenstimmrechtsbewegung und Friedensbewegung und half in der schwierigen Zeit vielen Emigranten, darunter der jüdischen Dichterin Nelly Sachs.

Eleonora Duse

* 8.10.1859 bei Vigevano/Lombardei
† 21.4.1924 Pittsburg/USA

Eleonora Duse, Postkarte, um 1895

Im Zug geboren, wurde die Duse das „ruhmbeladenste und ruheloseste Geschöpf der Erde". Schon als kleines Mädchen zog sie mit den Komödianten über Land, ihre erste große Rolle war dann 1879 die Ophelia in Neapel, und seit sie 1884 in Turin in „Cavalleria rusticana" spielte, wurde sie zum Star. 1891 machte sie mit dem in Italien noch völlig unbekannten Henrik Ibsen Furore, zwei Jahre später ging sie auf Tournee durch die ganze Welt. Sie war eine Schauspielerin von zauberischer Ausstrahlung, die genial und empfindsam auch das, was zwischen den Zeilen stand, spielte. Der Dichter Hugo von Hofmannsthal und der strenge Theaterkritiker Alfred Kerr waren hingerissen. Die Duse gründete ihre eigene Truppe und träumte von einem nationalen Theater, von neuen großen Rollen, die ihr ein junger Dichter schreiben sollte. In Gabriele d'Annunzio glaubte sie ihn gefunden zu haben. Oft zog sie sich nach Florenz in ihre kleine Villa zurück. Er mietete nun die Villa nebenan und richtete sich wie ein Renaissancefürst ein. „Flamme bist du, die sich selbst verzehrt", dichtete d'Annunzio, und wenn sie seine heute oft pathetisch wirkenden Stücke spielte, improvisierte der extravagante Macho bei den anschließenden Feiern überspannte politische Reden. Doch beide, die nun in d'Annunzios Villa am Gardasee lebten, verband der Wunsch und Wille, eine neue Kunst des Theaters zu schaffen. Durch seinen Roman „Feuer" fühlte sich die Duse jedoch bloßgestellt, trennte sich 1904 von dem Dichter und ging wieder auf Tournee. 1909 nahm sie Abschied von der Bühne und gründete 1914 ein Haus für Schauspielerinnen in Rom, das jedoch bald wegen Geldmangel geschlossen wurde. 1921 kehrte sie wieder auf die Bühne zurück und starb auf einer Gastspielreise im Hotelzimmer an Lungenentzündung. Als Schauspielerin war sie die Göttin und Seele ihrer Zeit.

Camille Claudel

* 8.12.1864 Fère-en-Tardenois/Aisne
† 19.10.1943 Mondevergues/Avignon

Camille Claudel, Fotografie, 1884

„Das kleine Schlossfräulein", von Camille Claudel, 1893

„Die geniale Frau schlechthin" nannte sie der Kunstkritiker Octave Mirbeau. Doch ihre so gutbürgerliche wie intrigante Familie machte es der Einzelgängerin schwer – aller Ruhm konzentrierte sich auf den jüngeren Bruder Paul, einen bedeutenden katholischen Dichter, der mit „Le soulier de satin" Theatergeschichte machte. Dass Camille mit 13 Jahren in Ton modellierte und mit 17 nach Paris ging, um mit Kolleginnen ein Atelier zu teilen, war ungehörig. Frauen durften damals nicht an der École des Beaux Arts studieren. Sie freundet sich mit dem Komponisten Claude Débussy an, 1885 wird sie Gehilfin des Bildhauers Auguste Rodin und bald seine engste Mitarbeiterin, Muse und Geliebte. Die Trennung 1898 war ein schwerer Schock für sie. Entschlossen arbeitet Camille weiter, krank, von Geldsorgen verfolgt. 1913 fand die Familie es am bequemsten, sie in ein Irrenhaus einweisen zu lassen. „Man wirft mir vor (oh, welch schreckliches Verbrechen), dass ich ganz allein gelebt habe", erklärt Camille einem Arzt, und klagt immer wieder, dass sie nicht hierhin gehört: Bis zu ihrem Tod bleibt sie eingeschlossen.

Das bedeutende Werk der Bildhauerin wurde erst in den letzten Jahren wieder entdeckt. In ihrer Bronze „Der Walzer" spürt man Rhythmus und Harmonie der Musik ebenso wie sensible Sinnlichkeit, in der „Parze Klotho" zeigt sich ihre ganze Virtuosität. Camille schafft zauberhafte Kinderbüsten in Marmor und die eindrucksvolle Gruppe „Das reife Alter". Mit Onyx arbeitet sie bei einem anderen Meisterwerk, der „Welle". Man weiß jetzt auch, wie stark sie Rodin beeinflusst und angeregt hat. Camille Claudel hat einen ganz eigenen plastischen Stil entwickelt und vor allem Frauenfiguren in großer Vollendung und Lebendigkeit gestaltet.

Käthe Kollwitz

*** 8.6.1867 Königsberg**
† 22.4.1945 Moritzburg bei Dresden

Käthe Schmidt konnte auf der Künstlerinnenschule in Berlin und München studieren, Karl Stauffer-Bern regte an, sich auf das Zeichnen zu konzentrieren. 1891 heiratet sie den Armenarzt Karl Kollwitz und zieht nach Berlin, zwei Söhne werden geboren. Ihr Grafikzyklus „Weberaufstand" nach dem Drama von Gerhart Hauptmann wird 1898 von Adolf von Menzel und Max Liebermann für eine Auszeichnung vorschlagen – doch Kaiser Wilhelm II. kann sich nicht entschließen, eine Frau, noch dazu mit einem sozialkritischen Thema, zu prämieren.

Käthe Kollwitz bei der Arbeit an einem Gipsmodell für die Plastik „Mutter mit den beiden Kindern" (1932–37), Fotografie, um 1932

Käthe Kollwitz interessiert sich schon früh für den Sozialismus und ergreift engagiert Partei für die Armen und Unterdrückten. Realistisch und verfremdet zugleich, mit packender Eindringlichkeit und Dynamik gestaltet sie Szenen aus dem Krieg, in dem ihr Sohn Peter sterben musste. Sie freundet sich mit Ernst Barlach an, auch die Plastizität ihrer Formensprache führt nun zur Skulptur. Erste Einzelausstellungen machen sie bekannt. Käthe Kollwitz erhält einen Lehrauftrag an der Künstlerinnenschule, Studienreisen führen sie nach Paris, Rom und Russland. 1919 Mitglied der Preußischen Akademie der Künste, ist sie die erste Frau, die einen Professorentitel bekommt, die 1928 die Leitung der Meisterklasse für Grafik an der Akademie übernimmt und 1929 den Orden Pour le Mérite erhält. Ihr sozialkritisches Werk und die politischen Plakate gegen den Faschismus missfallen natürlich den Nazis. Sie muss die Akademie verlassen und bekommt Ausstellungsverbot. Ihre eindringlichen Grafiken und Plastiken bleiben. „Diese Frau mit dem großen Herzen", schrieb Romain Rolland, „ist die Stimme des Schweigens der Geopferten".

„Selbstbildnis im Profil nach links II“,
Grafik von Käthe Kollwitz 1889

Käthe Kollwitz, Denkmal auf dem Friedhof in Vladslo, Belgien

Marie Curie

* 7.11.1867 Warschau
† 4.7.1934 Sancellemoz/Haute Savoie

Marya Sklodowska, das fünfte Kind eines Physiklehrers, konnte Naturwissenschaften studieren und arbeitete im Warschauer Industriemuseum, bevor sie 1891 mit einem kleinen Stipendium zu weiteren Studien an die Sorbonne nach Paris zog, zusammen mit ihrer Schwester Bronia, die Ärztin wurde. 1895 heiratete sie den Physiker Pierre Curie, der seine Arbeiten über Kristalle unterbrach, um mit seiner Frau zusammenzuarbeiten. Bei ihren Forschungen zur Radioaktivität entdeckten sie die radioaktiven Elemente Polonium und Radium, wofür beide,

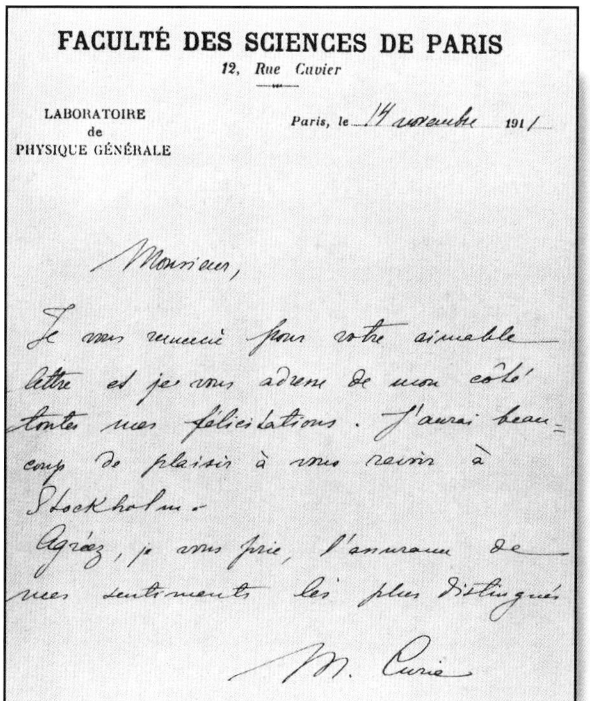

FACULTÉ DES SCIENCES DE PARIS
12, Rue Cuvier

LABORATOIRE
de
PHYSIQUE GÉNÉRALE

Paris, le 14 novembre 1911

Monsieur,

Je vous remercie pour votre aimable lettre et je vous adresse de mon côté toutes mes félicitations. J'aurai beaucoup de plaisir à vous revoir à Stockholm.

Agréez, je vous prie, l'assurance de mes sentiments les plus distingués

M. Curie

Antwort auf ein Glückwunschschreiben zur Verleihung des Nobelpreises 1911

Marie Curie in ihrem Laboratorium, Fotografie, um 1900

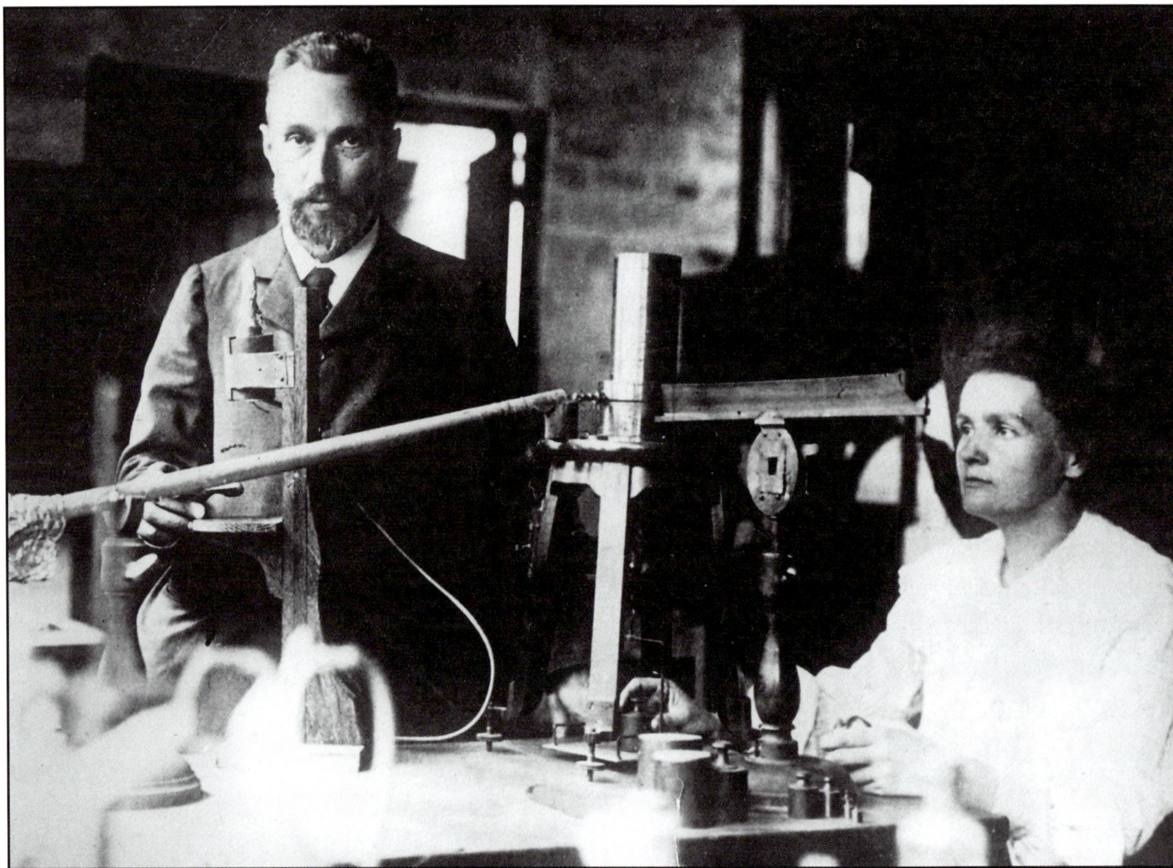

Das Ehepaar Marie und Pierre Curie im Laboratorium, Fotografie, um 1900

zusammen mit Henri Becquerel, 1903 den Nobelpreis für Physik erhielten. Für ihre Arbeiten zum Radium erhielt Marie Curie außerdem 1911 den Nobelpreis für Chemie. Ihre Tochter Irène und deren Mann Frédéric Joliot sollten 1935 den Nobelpreis für die Entdeckung des Neutron und ihre Forschungen in der Kernphysik erhalten. Private Schlagzeilen machte Marie Curie nur einmal, als ihr Mann einen Liebhaber zum Duell forderte. Nach dem tödlichen Unfall ihres Mannes 1906 wurde sie seine Nachfolgerin und die erste Physikprofessorin an der Sorbonne, 1914 dazu Leiterin des Radium-Instituts. Sie richtete im Ersten Weltkrieg mit ihrer Tochter Irène mobile Röntgenstationen ein und bildete Radiologen aus. Marie Curie forschte leidenschaftlich und ohne Rücksichten auf das wissenschaftliche Establishment. „Von allen berühmten Menschen ist Madame Curie die einzige, die vom Ruhm nicht korrumpiert wurde", bewunderte sie Albert Einstein. Durch die ständigen Arbeiten mit Radioaktivität erkrankt, starb Marie Curie an Leukämie. Mit ihrer Entdeckung, dass die Radioaktivität eine atomare Eigenschaft ist, schuf sie die Grundlagen zu den Umwälzungen der modernen Physik. 1994 wurden ihre sterblichen Überreste ins Pariser Panthéon überführt.

Rosa Luxemburg

* 5.3.1871 Zamosz
† 15.1.1919 Berlin

Rosa Luxemburg, kolorierte Fotografie, 1914

Rosa, das jüngste Kind einer jüdischen Kaufmannsfamilie, studiert seit 1890 an der Züricher Universität Philosophie, Jura und Staatswissenschaften. Schon lange ist sie linkspolitisch engagiert, fällt durch brillante und brisante Zeitschriftenartikel auf. Nach ihrer Promotion über „Die industrielle Entwicklung Polens" heiratet sie 1898 pro forma Gustav Lübeck, um die deutsche Staatsbürgerschaft zu bekommen, und fährt gleich alleine nach Berlin. Der beherrschende Mann in ihrem Leben wird Leo Jogiches – von ihm hätte sie gerne ein Kind, was der Berufsrevolutionär aber ablehnt. Durch August Bebel, Karl Kautsky und Franz Mehring kommt sie schnell in Kontakt mit der SPD und wird Delegierte für Schlesien. Ihr kritisches, selbstsicheres Auftreten bei den Parteitagen verschafft ihr aber nicht nur Freunde, zudem kommt sie mehrmals wegen „Majestätsbeleidigung" ins Gefängnis. Seit 1905 ist Rosa Redakteurin beim „Vorwärts" und oft auf Kongressen und Reisen, 1907–1914 wird sie Dozentin für Nationalökonomie an der SPD-Parteischule. Sie ist eine brillante, streitbare Rednerin mit großer Ausstrahlung und inzwischen eine international anerkannte marxistische Theoretikerin. Respektlos griff sie aber auch Trotzki und Lenin an – trotz aller Fehler sei sie ein Adler, gibt dieser zu. Mit Karl Liebknecht gibt Rosa die illegalen „Spartakusbriefe" heraus, 1918 ist sie bei der Gründung des linksradikalen Spartakusbundes dabei, redet auf der Versammlung der USPD und gehört zu den Gründern der KPD. „Die kleine gebrechliche Rosa war die Verkörperung beispielloser Energie", erinnert sich später Clara Zetkin. Seit längerem war Rosa Luxemburg, kaum aus dem Gefängnis herausgekommen, angeklagt der „Aufforderung zum Ungehorsam gegen Gesetze" und wegen versuchten Hoch- und Landesverrats.

Parteitag der SPD in Jena, 1905, Rosa Luxemburg (3.v.l.) und Clara Zetkin (im Vordergrund)

Aber auch wenn sie für eine militante Revolution ist, so ist sie doch entschieden gegen Krieg und Militarismus. Nach dem Januaraufstand der Spartakisten, den Rosa nicht billigte, werden sie und Karl Liebknecht illegal verhaftet und ins Hotel Eden gebracht. Karl Liebknecht wird gleich ermordet, Rosa von der reaktionären Militärclique erst als Hure verhöhnt, misshandelt und die Leiche dann in den Landwehrkanal geworfen – die Offiziere werden nur milde bestraft. So radikal Rosa Luxemburg gedacht und gelebt hat – ihr Ziel war immer Gerechtigkeit. „Freiheit ist immer die Freiheit der Andersdenkenden" – ihr hoher Anspruch bleibt unvergessen.

Rosa Luxemburg (rechts) und Clara Zetkin auf dem Weg zum SPD-Parteitag in Magdeburg, 1920

Rosa Luxemburg und Karl Kautsky jun. mit dem von ihr gezeichneten Porträt, Fotografie, 1907

Sidonie Gabrielle Colette

*** 23.1.1873 Saint-Sauveur-en-Puisaye/Burgund**
† 3.8.1954 Paris

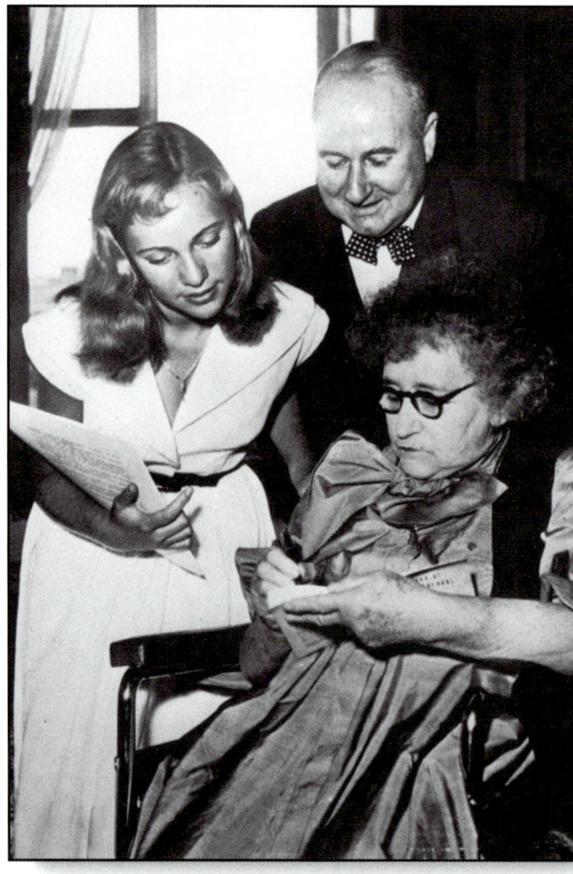

Colette mit ihrer Bulldogge Souci, Fotografie undat. (li)

Colette in ihrer Wohnug im Palais-Royal, Paris mit dem Regisseur Claude Autant-Lara und der Schauspielerin Nicole Berger vor Beginn der Dreharbeiten zur Verfilmung ihres Romans „Le blé en herbe" (Erwachende Herzen) Fotografie, 1953 (re)

Die glückliche Jugend auf dem Land endet 1903 durch die Heirat mit dem viel älteren und etwas zwielichtigen Bonvivant Henri Gauthier-Villars, der als Journalist unter dem Namen Willy arbeitet. Für die junge Frau ist Paris eine neue Welt, und da Geld immer knapp ist, ermutigt ihr Mann sie zum Schreiben. Die charmanten Romane mit der Heldin Claudine erscheinen jedoch unter seinem Namen. Willy pflegt seine Liebschaften, Colette legt sich eine Freundin zu – die Scheidung wird unvermeidlich. Inzwischen macht Colette als halbnackte Pantomimin im „Moulin Rouge" Furore – auch später tritt sie in ihrem eigenen Stück „La Vagabonde" auf. Aus der zweiten Ehe, 1912 mit dem Chefredakteur

Colette und Mathilde de Morny, genannt Missy,
in der Pantomime „Rêve d'Égypte" von Mathilde de Morny
im Moulin Rouge in Paris, 7. Januar 1907, Fotografie

Colette in ihrer Wohnung im Palais Royal, Paris
Fotografie,
um 1950 (?)

des „Matin" Henri de Jouvenel geschlossen und 1924 geschieden, stammt die Tochter Bel-Gazou. Es war schon lange kein Geheimnis mehr, wer die Claudine-Romane geschrieben hatte, und unter ihrem Namen schreibt Colette nun weiter, auch als Journalistin; große Erfolge wie „Chérie" und „Le Blé en Herbe" entstehen. 1925 wird in Monaco Maurice Ravels Oper „L'enfant et les sortilèges" uraufgeführt, zu der Colette das Libretto geschrieben hatte. In diesem Jahr lernt sie auch ihren dritten Mann, den sehr viel jüngeren Schriftsteller Maurice Goudeket, kennen. Colette ist nun berühmt – als erste Frau wird sie Mitglied der Académie Goncourt und der Ehrenlegion. Sie lebt nun im Palais Royal, durch eine schwere Arthritis an den Rollstuhl gefesselt. Alle ihre Romane, stark autobiographisch geprägt, erzählen von der Liebe der Jugend und von der Mutter Sido, in ihnen sind der laszive Glanz der Belle Époque ebenso wie Hymnen an die kleinen irdischen Genüsse, an Katzen, Blumen und die Natur, geschrieben in einer frischen und klaren, dabei kunstvoll subtilen Prosa. „Ich kann mir nicht helfen – aber diese Frau ist ein Genie", bewunderte sie sogar André Gide.

Therese von Lisieux

*** 2.1.1873 Alençon**
† 30.9.1896 Lisieux

„Jesus wachte über seine kleine Braut", erinnerte sich Thérèse Martin, das neunte Kind der Familie, ihrer glücklichen Jugend. Den Platz der früh verstorbenen Mutter nahmen bald eine Patentante und die Schwester Céline ein, die später auch ins Kloster ging. Das fromme Mädchen hat schon früh Visionen und beschließt bereits auf der Klosterschule, in den Karmel einzutreten – doch sie muss warten, bis sie 17 Jahre alt ist. Schwester Therese vom Kind Jesus, wie sie sich nun nennt, fühlt sich „als kleiner Pinsel, den Jesus gewählt hat, um sein Bild in die Seelen zu malen", und sie beginnt ihre Erinnerungen, Erfahrungen und Gebete aufzuzeichnen. Die Seelen der Menschen will sie retten, auch wenn sie, bald an Tuberkulose erkrankt, zuweilen unter dem Gefühl der Gottverlassenheit leidet. In ihrem Glauben verbindet Therese „Naivität und Tiefsinn der Jugend", schreibt der Theologe Hans Urs von Balthasar. „Auch im Kloster behält sie ihre kühne Gottesunmittelbarkeit. Im Namen der Liebe vermag sie alles." Für den „kleinen Weg zur Vollkommenheit", den Therese suchte, fand sie das verblüffende Bild eines Fahrstuhls für die Allmacht der Gnade Gottes. Diese „einfache" Frömmigkeit überzeugte die Menschen, denn ihr demütig-heiterer Glauben entsprach dem Geist der Jahrhundertwende, der anfing, am kalten Rationalismus von Technik und Fortschritt zu zweifeln. Schon 1925 wurde sie heilig gesprochen und zur Patronin der Weltmission bestimmt, 1997 verlieh der Papst ihr den Ehrentitel „Kirchenlehrerin", den außer ihr nur zwei andere Frauen, Teresa von Avila und Katharina von Siena, tragen.

Die Wallfahrtskirche in Lisieux

Paula Modersohn-Becker

*** 8.2.1876 Dresden**
† 20.11.1907 Worpswede

Bevor Paula die London School of Arts und die Malschule des Vereins Berliner Künstlerinnen besuchen darf, muss sie sich auf Wunsch der Familie zur Lehrerin ausbilden lassen. Mit 21 Jahren kommt sie nach Worpswede, wo sich einige Künstler aus Protest gegen den Akademiebetrieb und die hektischen Großstädte niedergelassen hatten. Heinrich Vogeler ist der bekannteste unter ihnen, auch der Dichter Rainer Maria Rilke fühlt sich von der Landschaft zwischen Heide und Moor angezogen und heiratet die hier lebende Bildhauerin Clara Westhoff. Paulas erste Ausstellung 1899 wird ein Misserfolg. Sie will weiterlernen und fährt nach Paris – Vincent van Gogh und Paul Gauguin werden Vorbilder auf der Suche nach der „Einfachheit der großen Form". Zurückgekehrt heiratet sie 1901 den Worpsweder Maler Otto Modersohn, trennt sich jedoch vorübergehend von ihm und findet auf zwei weiteren Reisen nach Paris, auf denen sie Paul Cézanne entdeckt, zu ihrer ganz eigenen monumentalen Form und Konzentration von Farbe in Fläche. Paula Modersohn-Becker ist die erste, die den Impressionismus überwindet. In ihrem „Lilienatelier" malt sie nun die erdige Worpsweder Landschaft und ihre Menschen, so sensible wie kühne Porträts und ein „Selbstbildnis am 6. Hochzeitstag" – nackt und schwanger. „Verstanden wird sie von niemandem", schreibt ihr Mann, vielleicht weil sie sehr persönlich sei, „nichts Konventionelles, Hergebrachtes". Früh vollendet stirbt die Malerin drei Wochen nach der Geburt ihrer Tochter Mathilde. Rilke widmete „der blonden Malerin, die so braune schauende Augen hat", ein bewegendes „Requiem".

Selbstbildnis, Gemälde von Paula Modersohn-Becker

Bäuerin an der Birke,
Gemälde von Paula
Modersohn-Becker,
1900

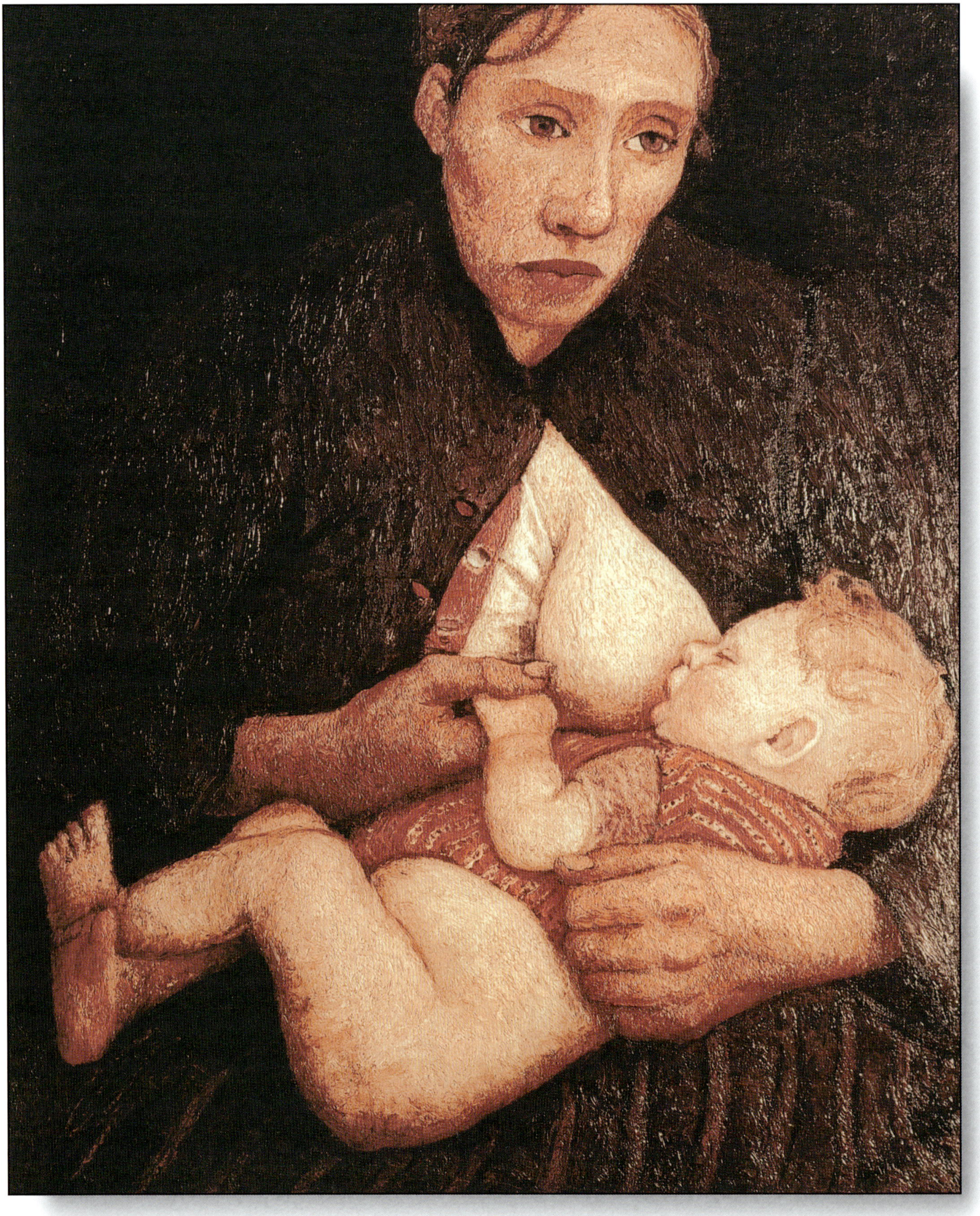

Bildnis einer jungen Frau
mit rotem Hut, 1900

Gegenüberliegende Seite:
Stillende Mutter, Gemälde
von Paula Modersohn-
Becker

Mata Hari

*** 7.8.1876 Leeuwarden/Friesland**
† 15.10.1917 Vincennes/Paris

Mata Hari, Fotografie, um 1910

Mata Hari bei der Vorführung eines javanesischen Tempeltanzes in Paris, um 1910 (unten)

Die junge Margaretha Geertruida Zelle hat Langeweile, schreibt auf eine Heiratsanzeige und wird tatsächlich Frau des viel älteren Hauptmanns J. R. MacLeod. Sie reist mit ihm nach Niederländisch-Indien, zwei Kinder werden geboren, die Ehe aber bald geschieden. Zurück in Europa ist ihr neuer Traum eine Karriere als Schauspielerin. Der Erfolg kommt jedoch erst, als sie sich Mata Hari, Auge der Morgenröte, nennt und eine romantische Biographie als eingeweihte Tempeltänzerin des Gottes Schiwa erfindet. Mit schlangenhafter Anmut bietet sie den Snobs der feinen Pariser Gesellschaft freizügige Tänze dar und auch an Liebhabern fehlt es der exotischen Schönheit nicht. Ihr schwüler Orient gilt vielen als Offenbarung einer neuen Kunst. Doch die Schulden sind immer größer als der Ruhm, und als Mata Hari zufällig den deutschen Konsul Cramer trifft, lässt sie sich für den Geheimdienst anheuern. Da sie die Leichtgläubigkeit der Männer nur zu gut kennt, meint sie, dass ein bisschen Spionage ihrer Kasse und ihrem Ruhm nachhelfen könnte. Doch Agent H 21 hätte keinen falscheren Beruf wählen können – sie ist so

Mata Hari,
kolorierte Fotografie

„Mata Hari auf ihrem Todesgang". (Hinrichtung am 15. Oktober 1917 in Vincennes bei Paris), zeitgenössisches Aquarell von Caro Rodnan

berühmt, dass man sie überall erkennt, und dann wird sie auf einer Schiffsreise spektakulär verhaftet, weil man sie mit einer anderen Spionin verwechselt. Es ist wieder Zufall, dass sie Georges Ladoux, dem Chef der französischen Spionageabwehr, begegnet, in deren Dienste sie probeweise tritt. Mata Hari wird natürlich beschattet, und die wenigen nützlichen Mitteilungen, die die Doppelagentin macht, lassen sich leicht auffangen. Im Februar 1917 wird Mata Hari in Paris verhaftet. Die Gläubiger verfolgen sie bis ins Gefängnis, der Vorwurf der Spionage wurde jedoch nie richtig bewiesen. Aber die Militärjustiz in Kriegszeiten ist brutal, und Mata Hari, nur noch ein Schatten ihrer selbst, verwirrt die Anklage vollends, als sie von ihrem Verhältnis zum Herzog von Cumberland erzählt: Sie wird zum Tod durch Erschießen verurteilt. Über ihr tragisches Ende wurde vor allem in der deutschen Presse groß berichtet – und so entstand eine Legende.

Gabriele Münter

*** 19.2.1877 Berlin**
† 19.5.1962 Murnau

„Du bist hoffnungslos als Schüler – man kann Dir nichts beibringen", sagte der Lehrer Wassily Kandinsky zu seiner Schülerin Gabriele Münter. Aus einer deutsch-amerikanischen Kaufmannsfamilie stammend, war sie nach erstem Unterricht an der Schule des Künstlerinnen-Vereins 1901 in seine Malklasse aufgenommen worden. Obwohl verheiratet, verlobt sich Kandinsky 1903 mit Gabriele, beide reisen durch Europa. 1909 kauft Gabriele Münter ein Haus in Murnau. Hier treffen sich die vielen Freunde – Alexander von Jawlensky, Franz Marc, Paul Klee, August Macke, Marianne von Werefkin. 1911 wird mit dem „Blauen Reiter" eine bedeutende neue Künstlerbewegung ins Leben gerufen. Gabriele hat ihren eigenen Stil gefunden, der figuraler ist als der Kandinskys. „Wir sind zu verschiedene Naturen", ahnt sie schon lange. Beim Ausbruch des 1. Weltkriegs gehen beide in die Schweiz, Kandinsky muss nach Russland, in Kopenhagen treffen sie sich noch einmal wieder. Kandinsky, inzwischen geschieden, heiratet 1917 in Moskau Nina von Andreevskaja. Gabriele, schwer getroffen, bleibt zunächst in Kopenhagen, viele Jahre malt sie nicht mehr. Erst 1927 ermuntert sie ihr späterer Lebensgefährte, der Philosoph und Kunsthistoriker Johannes Eichner, wieder zu malen. Zurückgezogen in Murnau übersteht sie die Verfolgungen der „Entarteten Kunst", erst nach 1948 werden ihre Arbeiten wieder ausgestellt und endlich gewürdigt. Ihre Werke sowie die Bilder Kandinskys aus ihrem Besitz vermacht sie 1957 dem Münchner Lenbachhaus. Gabriele Münters Kunst ist von einem so zarten wie prägnanten Zeichentalent geprägt und von einer ganz eigenen, kräftigen Farbharmonie, die manchmal an bayerische Hinterglasmalerei, die sie schon früh sammelte, erinnert.

Gruppenbild: (v.li) Gabriele Münter, Maria Marc, Bernhard Koehler sen., Thomas von Hartmann, Heinrich Campendonk und Franz Marc auf dem Balkon der Wohnung von Gabriele Münter und Kandinsky in München, 1911

Selbstbildnis von
Gabriele Münter,
um 1909

Isadora Duncan

* 27.5.1878 San Francisco
† 14.9.1927 Nizza

Aufgewachsen im San Francisco der Goldgräberzeit und dann in Chicago, mit einem schottischen Vater, der bald verschwand, und einer irischen Mutter, die die Familie mit Klavierunterricht ernähren musste, wusste Isadora bald, was sie wollte – tanzen. Sie erhielt eine klassische Ballettausbildung, engagierte sich aber früh für eine Reform des Tanzes nach den Idealen des antiken griechischen Chortanzes, für einen „natürlichen Ausdruckstanz“. Ihre Auftritte waren eine ästhetische Revolution, auch weil sie frei zu klassischer Musik tanzte und die Darstellung ihrer Gefühle psychologisch begründete. Isadora Duncan trat ohne Strümpfe und Schuhe auf, ungeschminkt, den nackten Körper nur mit einem lose fallenden Gewand bekleidet, vor grauen Vorhängen ohne bunte Dekoration. Das schockierte die Spießer und begeisterte die Kenner. „Sie bringt das Leben an sich in den Tanz ein“, bewunderte der Bildhauer Auguste Rodin. Jean Cocteau staunte über ihr „Feuer“ und meinte damit nicht nur ihren Tanz, sondern ihr leidenschaftliches, von allen bürgerlichen Konventionen freies Leben. Auf Tourneen begeisterte sie die ganze Welt mit Ausnahme des prüden Amerika, unermüdlich stritt sie in Vorträgen und Büchern – wie 1903 dem „Tanz der Zukunft“ – für die neue Körperlichkeit des Tanzes und gründete mit ihrer Schwester Elisabeth mehrere Tanzschulen. 1922 heiratet sie den ebenso exzentrischen, 18 Jahre jüngeren russischen Dich-

Isadora Duncan, kolorierte Fotografie, um 1902

Isadora Duncan mit ihrem Ehemann, dem Dichter Sergej Jessenin
Fotografie, 1922

ter Sergej Jessenin. Doch Isadora Duncans Leben war nun von Tragik überschattet: Die zwei Kinder fanden den Tod in einem Auto, das ins Wasser rollte, Jessenin beging ein Jahr nach der Trennung Selbstmord, sie wurde bei einer Autofahrt an der Riviera von ihrem eigenen Schal erdrosselt.

Lise Meitner

*** 7.11.1878 Wien**
† 27.10.1968 Cambridge

Hübsch und konservativ erzogen, wächst Lise Meitner in Wien auf und macht das Lehrerdiplom, bevor sie 1905 als eine der ersten, viel bestaunten naturwissenschaftlichen Studentinnen in Wien promoviert. Beeindruckt von einem Vortrag Max Plancks über Quantenphysik beschließt sie, ihre Studien in Berlin fortzusetzen. Frauen bekamen dort allerdings keinen Laborplatz, und als sie Otto Hahn kennen lernt, der schon von ihren Arbeiten gehört hat, dürfen sie nur in einem kleinen Nebenraum arbeiten. Wenn ihre Forschungen über Radioelemente und Betastrahlen bis in die Nacht dauerten, singt Lise Meitner schon einmal mit Otto Hahn im Duett. Ihre Veröffentlichungen und Vorträge auf Kongressen finden große Resonanz. Nachdem 1909 endlich Frauen an der Berliner Universität zugelassen werden, bittet Max Planck sie 1912, seine Assistentin am neuen Kaiser-Wilhelm-Institut für Chemie in Dahlem zu werden. Von 1915–1917 arbeitet Lise Meitner dann freiwillig als Röntgenschwester bei der österreichischen Armee in Lemberg und Trient. Die Militarisierung der Wissenschaft aber war ihr schon damals nicht geheuer, und sie verteidigt Albert Einstein, der sie immer „unsere Madame Curie" nannte, gegen die antijüdische Stimmung. Mit Otto Hahn entdeckt sie 1917 das Element Proactinium. 1922 durfte sich Lise Meitner habilitieren, ihr Forscherleben verläuft nun in ruhigen Bahnen, sie befreundet sich mit Niels Bohr, ihre wegweisenden Arbeiten zur Struktur des Atoms und zur sekundären Betastrahlung werden öffentlich anerkannt. Zusammen mit Otto Hahn wird Lise Meitner sogar für den Nobelpreis vorgeschlagen.

Lise Meitner, Fotografie 1959

1933 werden alle jüdischen Mitarbeiter entlassen, Lise Meitners Lehrerlaubnis wird entzogen und sie muss 1938 über Holland nach Stockholm fliehen. Brieflich hilft sie nun Otto Hahn bei der Entdeckung der Kernspaltung und liefert zusammen mit O. R. Frisch die theoretische Erklärung

Lise Meitner mit
Otto Hahn im Labor,
Fotografie, um 1910

für die wissenschaftlichen Grundlagen der Atombombe, die bald in Los Alamos gebaut werden wird. In Skandinavien kann sie allerdings nur begrenzt arbeiten. Traurig und kritisch erkennt sie in „schlaflosen Nächten" die Schuld der Wissenschaft und wirft den Kollegen ihre Passivität bei der politischen Mitverantwortung vor. „Frauen müssen alles tun, um einen weiteren Krieg zu verhindern", erklärt die Physikerin Eleanor Roosevelt, als sie 1945 zur „Frau des Jahres" gewählt, als Gastprofessorin in die USA berufen wird. Obwohl Meitner nun bei ihren Deutschlandbesuchen etwas scheinheilig mit Ehren überschüttet wird, bleibt sie in Schweden.

Wilhelmina, Königin der Niederlande

*** 31.8.1880 Den Haag**
† 28.11.1962 Het Loo

Königin Wilhelmina, Bildpostkarte, um 1900

Als Wilhelm III. von Oranien-Nassau, der die Niederlande in Personalunion mit Luxemburg viele Jahre friedlich regiert hatte, 1890 starb, hinterließ er eine zehnjährige Tochter. In Luxemburg, das keine weibliche Erbfolge kannte, folgte Herzog Adolf von Nassau, in den Niederlanden Wilhelmina, die bis zu ihrer Volljährigkeit und Krönung im September 1898 unter der Vormundschaft ihrer Mutter Emma von Waldeck stand. 1899 berief sie die erste Internationale Friedenskonferenz nach den Haag. 1901 heiratete sie Herzog Heinrich von Mecklenburg-Schwerin, der schon 1934 starb. 1909 wurde die einzige Tochter, Juliana, geboren. Als der Zweite Weltkrieg ausbricht, bleibt sie, wie schon im Ersten Weltkrieg, bei einer strikten Politik der Neutralität. Wilhelmina hatte nüchtern erkannt, dass Hitler die Könige bestenfalls wie Geiseln behandeln würde. Anders als König Leopold, der in Belgien blieb, plante sie zeitig ihre Abreise. Als deutsche Soldaten das Land 1940 brutal überrollten, unterstützt die Königin den Widerstand und schifft sich auf zwei Zerstörern mit ihrer Regierung nach England aus. Ihre Tochter Juliana ging mit ihrer Familie nach Kanada ins Exil. Wilhelmina wird in London ein Mittelpunkt des Widerstands, ihre von der BBC ausgestrahlten Reden an ihr Land sind zukunftsweisend. Im März 1945 kehrt sie nach Holland zurück. Wilhelmina hat viel zur Demokratisierung der politischen Institutionen in Holland beigetragen und gleichzeitig die Stellung der Monarchie gestärkt. Ihre Regierung führte das Land in die Benelux-Zollunion, eine Vorstufe der EU. Die letzten Regierungsjahre bringen die Loslösung der Kolonien: 1945 erklärt sich Niederländisch-Indien, heute Indonesien, unter Sukarno als unabhängig. Schon länger krank, dankt Wilhelmina 1948 zugunsten ihrer Tochter Juliane ab, die den Wiederaufbau des Landes fortsetzt.

Die Krönung von
Wilhelmina am
31. August 1898
Farbdruck

Le Petit Journal
ADMINISTRATION
61, RUE LAFAYETTE, 61
Les manuscrits ne sont pas rendus
On s'abonne sans frais dans tous les bureaux de poste
5 CENT.
SUPPLÉMENT ILLUSTRÉ
5 CENT.
23me Année
Numéro 1.124
DIMANCHE 2 JUIN 1912
ABONNEMENTS
SIX MOIS UN AN
SEINE et SEINE-ET-OISE.. 2 fr. 3 fr. 50
DÉPARTEMENTS.......... 2 fr. 4 fr. »
ÉTRANGER .... 2 50 5 fr. »
ZELANDE
FRISE
WALCHEREN
SUD-HOLLANDE
JE MAINTIENDRAI
Conserver ce numéro pour prendre part au Concours.
LES HOTES DE LA FRANCE
S. M. Wilhelmine, reine des Pays-Bas
Concours du Supplément du PETIT JOURNAL
N° 15

Asta Nielsen

*** 11.9.1881 Kopenhagen**
† 25.5.1972 Kopenhagen

Sie kam, schreibt Asta Nielsen, „in einer hoffnungslosen Zeit der Armut" zur Welt, und ihre Mutter war erschrocken, als sie das Baby anguckte; als sie dann die dicken schwarzen Haare zur Seite strich, sah sie aber „ein paar Augen von so sagenhafter Größe, dass alle in Lachen ausbrachen". Nachdem das ungewöhnliche Kind zum ersten Mal im Theater war, wusste sie, was sie werden wollte. Sie besuchte die Schauspielschule des Königlichen Theaters in Kopenhagen und bekam mit 18 Jahren ein uneheliches Kind, das die Mutter aufzog. „Ein Kind zu haben, scheint mir ungeheuer wichtig, einen Ehemann zu haben, gar nicht so", kommentierte sie später selbstbewusst. Asta spielte in Kopenhagen und in der Provinz alle möglichen Rollen und drehte 1910 in nur acht Tagen ihren ersten Film – obwohl dies den Schauspielern verboten war. „Abgründe" wurde eine Sensation. Mit Urban Gad, ihrem Regisseur, Entdecker und bald ihrem Mann, ging sie nach Berlin. Gleich die erste Rolle machte sie zu einem Mythos, den Urban Gad nun geschickt ausbaute – es war eine Mischung aus Vamp und tragischer Figur, vom Reiz des Verbotenen umflackert. Gemeinsam drehten sie bis 1915 mehrere Filme in Berlin, wie „Nachtfalter" und „Vordertreppe – Hintertreppe". Asta Nielsen konnte „die stumme, komplizierte Sprache der Gedanken" suggestiv ins Bild setzen und wurde der große Star der Stummfilmzeit. Am Vorabend des Ersten Weltkriegs traf sie im Zug ihren zweiten Mann, einen schwedischen Marineoffizier, reiste dann durch die halbe Welt, um mit dem ersten Schiff nach Europa zurückzukehren. Sie setzte ihre Erfolge fort, mit Ernst Lubitsch in „Rausch" nach Strindberg, mit „Erdgeist" nach Wedekind in der Regie von Leopold Jessner, sie war mit allen großen Kollegen, wie Paul

Asta Nielsen als Prinz Hamlet, Stummfilm, Deutschland 1920, Regie: Svend Gade und Heinz Schall

Filmplakat mit
Asta Nielsen, 1927

Szene mit Asta Nielsen in: „Dirnentragödie", 1927

Wegener, Albert Bassermann, Werner Krauß oder Hans Albers befreundet. „Hamlet", von einer Frau gespielt, war 1920 die Sensation, doch sonst hatte sie kein Glück mit ihrer eigenen Filmgesellschaft. 1925 entstand „Die freudlose Gasse" mit Greta Garbo. Als Feriengast auf Hiddensee lernt sie Gerhart Hauptmann kennen und freundet sich mit Joachim Ringelnatz an. Einen Tonfilm hat die Nielsen noch gedreht, das war nicht der Grund sich zurückzuziehen: Sie fühlte sich als Opfer von Intrigen und beklagte die ihrer Meinung nach mangelnde Qualität der neuen Filme. Sie spielte nun erfolgreich Theater, verließ 1933 aber Hitler-Deutschland, um zurückgezogen in Kopenhagen zu leben. Sie widmete sich der Textilkunst, schrieb ihre Memoiren und heiratete mit 88 Jahren den 70-jährigen dänischen Kunsthändler Christian Theede – wohl ihre einzige wirkliche Liebe.

Virginia Woolf

*** 25.1.1882 London**
† 28.3.1941 Rodmell/Sussex

Virginia Woolf, Fotografie von Gisele Freund, 1939

Als die Geschwister Stephen 1904 nach Bloomsbury, das Viertel am Britischen Museum, das später durch ihren „Bloomsburykreis" berühmt wird, ziehen, lebt die scheue Virginia auf. Jeden Donnerstag treffen sich die literarischen Freunde des Bruders Thoby, unter denen auch Leonard Woolf, der Wirtschaftswissenschaftler Maynard Keynes und der Maler Walter Sickert sind. Bei Tee und Toast diskutiert man am Kamin über Philosophie und Literatur, auf elegante Garderobe wird kein Wert gelegt. Ein weiterer Stützpunkt des Kreises wurde 1909 das Haus der extravaganten Lady Ottoline Morell, deren Gesellschaften nun frecher und frivoler geraten. Virginia Stephen hat angefangen zu schreiben, für die Frauenbeilage des „Guardian" und Literaturkritiken. Ihre Freundin, die Schriftstellerin Edith Sitwell, erinnert sich später: „Virginia war von einer mondhellen, durchsichtigen Schönheit. Sie hatte fein geschnittene Züge, große nachdenkliche Augen, und nichts darin ließ jenes tragische Ende ahnen … ihre Gegenwart war zauberhaft." Virginia leidet immer wieder an nervösen Krankheiten. Vielleicht war es eine schizophrene Psychose, wahrscheinlich, vermutet man heute, wurde sie auch als Kind von ihrem Halbbruder missbraucht, und die sexuelle Seite der Ehe war ihr eine Last. Doch mit Leonard Woolf, der 1911 aus Ceylon zurückgekehrt ist und den sie 1912 heiratet, findet sie einen Mann, der sie akzeptiert und der der Einzige ist, der sich um ihre labile Verfassung kümmert und sie nach den Aufenthalten in Kranken- oder Irrenhäusern wieder aufbaut. Virginia will völlig neue Formen gestalten und schreibt ihren ersten Roman, „The voyage out". 1917 kauft das Paar eine Druckerpresse – das erste Buch der Hogarth Press, selbst gesetzt, gedruckt und gebunden, umfasst zwei Erzählungen von Leonard und Virginia mit vier Holzschnitten von Dora Carrington. Es war bald an die vielen

Freunde verkauft. Als nächstes erschien ein Band von Katherine Mansfield, mit der Virginia befreundet war. Leonard entwickelte Talent als Geschäftsführer, der Verlag verlegt mit gewissem Erfolg Übersetzungen russischer Autoren, und mit Svevo, Rilke, Freud, T. S. Eliot die Avantgarde. Virginia macht sich mit ihrem dritten Roman „Jacob's Room" einen Namen. In „Mrs. Dalloway" bricht sie 1925 mit der konventionellen Erzähltradition, der „Bewusstseinsstrom" war eine ästhetische Revolution und stellt sie in eine Reihe mit James Joyce und Marcel Proust, den Klassikern der Moderne. Ihr wohl beliebtestes Buch wurde „To the Lighthouse", in „Orlando" gibt sie ein Phantasieporträt ihrer Freundin Vita Sackville-West, in „Three Guineas" und „A Room of One's Own" widmet sie sich der Frauenfrage.

Zu Beginn des Zweiten Weltkriegs siedelt Virginia in ihr kleines Landhaus Monks House über, beunruhigt über das, was kommen würde. Anfang 1941 war „Between the acts" vollendet und Leonard merkte, dass wieder eine Krise kam. An einem kalten Märztag verlässt Virginia das Haus und geht ins Wasser, ins Flüsschen Ouse, das nahe am Haus vorbeifließt. Er findet nur noch ihren Abschiedsbrief: „Liebster, ich spüre, dass ich wieder wahnsinnig werde." Sie war sich selbst ein Rätsel, für die Kritiker aber zählt sie zu den besten Schriftstellerinnen des 20. Jahrhunderts. „Ihre Freunde rühmen ihre Schönheit, ihre Einzigartigkeit und ihren Charme … Sie war anders als alle anderen, und diese Welt passte nicht für sie", hat es der Freund Christopher Isherwood zusammengefasst.

Anna Pawlowa

* 31.1.1882 St. Petersburg
†23.1.1931 den Haag

Jedes ballettbegeisterte Kind in St. Petersburg träumte von der Kaiserlichen Ballettschule. Hier wurde Anna Pawlowa ab 1892 als „Tochter des Zaren“ in luxuriöser Umgebung mit strenger Disziplin ausgebildet und nach der Abschlussprüfung 1899 ins Kaiserliche Ballett aufgenommen. Sie erregt bald als „Giselle“ Aufsehen, 1906 choreographiert Michael Fokin für sie den „Sterbenden Schwan“ nach der Musik von Saint-Saëns. Mit 25 Jahren „Primaballerina assoluta“ darf sie sich nun ihre Rollen selber aussuchen, Aurora in Tschaikowskys „Dornröschen“ gehört dazu. Ihr Stil ist von beseeltem Ausdruck, sanfter Anmut und perfekter Technik. Isadora Duncan, die sie 1907 kennen lernt, schätzt zwar das klassische Ballett nicht, doch bewundert sie die Pawlowa als „ätherisch und tragisch zugleich – eine wahrhaft hinreißende Darstellerin“. Die erste internationale Tournee wird zum Triumph. Sie heiratet Victor Dandré, legt aber immer Wert auf ein diskretes Privatleben. Im „Pavillon der Armida“ tritt sie zum ersten Mal mit dem jungen Nijinski auf, doch der Stil des „Russi-

Anna Pawlowa, Fotografie, um 1920 (links),

Rollenbild in: „Der sterbende Schwan“, Fotografie, undatiert (Mitte),

Rollenbild, Fotografie, um 1912 (rechts)

Anna Pawlowa,
aquarellierte Zeichnung
von Savelij Sorine, 1924

schen Ballets“ von Serge Diaghilew ist nicht der ihre – die Wege trennen sich. In England tritt die Pawlowa, eine Sensation, auch in Music-Halls auf und macht ein neues Publikum mit dem klassischen Ballett vertraut. Ivyhouse in London, in dem einst der Maler William Turner lebte, wird ihr zweites Heim. Sie baut eine eigene Truppe auf und tourt 1914 durch Amerika – mit 400 Stück Gepäck in acht Eisenbahnwagen. Nach der Revolution kann sie nicht nach Russland zurück und reist nun gefeiert um die ganze Welt. Überraschend stirbt sie an einer Lungenentzündung in Holland, das eine kostbare weiße Tulpe nach ihr benannt hat. „Ich esse nicht zu viel und tanze den ganzen Tag“, das sei ihr ganzes Geheimnis, erklärte die Primaballerina einmal lächelnd.

Coco Chanel

*** 19.8.1883 Saumur**
† 10.1.1971 Paris

Coco Chanel, Fotografie, um 1900

Große Mode wurde meist von Männern gemacht – doch das änderte sich mit Gabrielle „Coco" Chanel. Auf dem Land aufgewachsen, ging sie erst nach Paris und während des Ersten Weltkrieges nach Deauville, wo sie mit ihrem emanzipierten Lebensstil Aufsehen erregt. Klein, sonnengebräunt und mit Bubikopf kleidet sie sich für die damalige Zeit revolutionär: kurze Röcke, Herrenvestons aus Tweed, blaue Matrosenjacken und eine Perlenkette zum schwarzen, sportlichen Pullover. Die bald berühmte „Garçonnemode", benannt nach dem skandalösen Bestseller von Victor Margueritte, hat dennoch nichts Männliches. Bei aller Strenge des Designs bewahrt Coco Chanel eine weibliche Note. Als sie nach dem Krieg ihren Salon in Paris eröffnet, ließ der Erfolg nicht auf sich warten. Sie machte Strickwaren salonfähig und baute ihre eigene Trikotagenfabrik auf. Nach wenigen Jahren beschäftigte sie 2400 Mitarbeiter und machte einen Umsatz von über 150 Millionen Francs. Ihr Parfüm „Chanel Nr. 5" ist noch heute eines der meistverkauften Duftwässer der Welt. Coco Chanel widmete sich konsequent der Entwicklung neuer Formen, verwendete mit sicherem Instinkt bisher wenig beachtete, praktische Materialien. Diese modische Entwicklung hatte mit Jugendstil und Reformbewegung begonnen – und mit Paul Poiret, von dem Coco Chanel die Abschaffung des Korsetts, kürzere Röcke und Hosen für Frauen übernahm und konsequent weiterentwickelte. Ihre Tendenz ist durchaus mit dem Funktionalismus der damaligen Kunst und Architektur zu vergleichen. Es ging Coco Chanel um die praktischen Erfordernisse der weiblichen Kleidung in einer neuen Zeit, und das in guter ästhetischer Form. Alles Falsche ist ihr verhasst. „Ein Kleid, das nicht komfortabel ist, ist missraten", war ihr Credo, raffinierte Einfachheit das Markenzeichen. Coco Chanel wurde Mittelpunkt der feinen Gesellschaft – ob sie durch das Mittelmeer segelt, für Jean Cocteaus Theaterstücke Kostüme entwirft oder die „Ballets Russes" mäzenatisch fördert. Ihr Lebensstil wie ihre Kleider werden kopiert – selbst der Konkurrent Christian Dior bewundert ihre Abendkleider. 1939 zog Coco Chanel sich auf ihren Besitz an der Côte d'Azur zurück, um 1954 ein glanzvolles Comeback zu schaffen. Mode vergeht, Stil bleibt – noch heute sind Chanels Modeschmuck, das elegante „kleine Schwarze" und das bequeme dreiteilige Complet aktuell.

Kostüme von Coco Chanel für das Ballett „Apollon Musagete" von Igor Strawinsky im Théâtre Sarah Bernhardt, Paris, am 12. Juni 1928

Pariser Mannequins
in Abendkleidern von
Coco Chanel,
Fotografie, um 1935

Eleanor Roosevelt

*** 11.10.1884 New York**
† 7.11.1962 New York

Eleanor Roosevelt im Ballkleid, Fotografie, 1933

Die Nichte des Präsidenten Theodore Roosevelt stammte aus der reichen Ostküstenaristokratie. Als sie 1905 ihren entfernten Vetter Franklin Delano Roosevelt heiratet, war es das gesellschaftliche Ereignis der Saison. Die Hochzeitsreise führte natürlich nach Europa. 1906 wurde das erste Kind, eine Tochter, geboren, fünf Söhne folgen. Doch die Ehe bekam einen Knacks durch die Affäre F. D. Roosevelts mit ihrer Sekretärin Lucy Mercer. Eleanor war loyal, trat nun jedoch aus dem Schatten der bescheidenen Hausfrau heraus. Sie unterstützte die politischen Ambitionen des ehrgeizigen jungen Anwalts, verstärkt, nachdem ihr Mann 1921 durch eine Kinderlähmung an den Rollstuhl gefesselt blieb. Ihre Ehe wurde zu einer politischen Arbeitsgemeinschaft. Roosevelt, der erst Gouverneur des Staates New York, dann 1933 Präsident der Vereinigten Staaten und zweimal wieder gewählt wurde, führte mit seiner Politik des „New Deal“ die USA aus der Wirtschaftskrise; mit eiserner Energie steuerte er das Land durch die totalitäre Herausforderung des 2. Weltkriegs. Eleanor wurde die populärste Frau Amerikas. Sie hält Pressekonferenzen und berichtet in einer regelmäßigen Zeitungskolumne vom täglichen Leben im Weißen Haus. Doch vor allem engagiert sie sich rastlos in der Sozialpolitik und tritt für die Gleichberechtigung der Frauen ein. Sie galt als „das linke Gewissen“ des Präsidenten, wurde aber bald eine politische Kraft von eigenem Gewicht. Sie war

Feier des 55. Geburtstags des Präsidenten am 30. Januar 1937 im Raleigh Hotel, Washington D.C.: Eleanor Roosevelt schneidet die Geburtstagstorte an.

auch eine Anlaufstelle für emigrierte Schriftsteller – beeindruckt schildert Klaus Mann, wie sie ihn und Ernst Toller durch das Weiße Haus führte, wo „das echt Demokratische mit aristokratischem Anstand vereinigt“ ist. Als Vertreterin der USA unterzeichnet Eleanor Roosevelt 1945 in San Francisco die Gründungscharta der UN, ist bis 1952 UN-Delegierte, Mitglied der Menschenrechtskommission und noch unter dem Präsidenten J. F. Kennedy politisch aktiv.

Maria Jeritza

*** 6.10.1887 Brünn**
† 10.7.1982 Orange, New Jersey

Eine nuancenreiche Stimme von großer Leuchtkraft und ein leidenschaftlicher Instinkt für Bühnenwirkung machten sie zu einer der großen Sängerpersönlichkeiten des 20. Jahrhunderts. Der „Jeritza-Schrei" wurde ebenso berühmt wie ihre lange glitzernde Schleppe in „Turandot". Maria Jeritza studierte am Konservatorium ihrer Heimatstadt und wurde 1910 als Operettensopranisten an das Münchner Künstlertheater engagiert, wo sie für die Wiener Volksoper entdeckt wurde. Beim Sommertheater in Bad Ischl fiel sie auch Kaiser Franz Joseph auf – bald war die Jeritza Star der Oper am Ring und bildete mit dem Tenor Alfred Piccaver des gefeierte Traumpaar. Als Gast sang sie 1912 in Stuttgart die Titelrolle bei der Uraufführung der „Ariadne auf Naxos" von Richard Strauß, Regie führte der geniale Max Reinhardt, mit dem die Jeritza schon in München als Offenbachs „Schöne Helena" zusammengearbeitet hatte. Richard Strauß widmete ihr das Lied „Malven" – obwohl er sich oft über ihre Extravaganzen und Gagenforderungen ärgerte. 1913 sang sie in Wien die Minnie bei der Erstaufführung von Giacomo Puccinis „Das Mädchen aus dem Westen" und machte die Oper dann auch an der Met zum Erfolg – Zeit seines Lebens stand ein Bild der Primadonna auf Puccinis Schreibtisch. In New York debütierte sie glanzvoll in Korngolds „Toter Stadt" und machte dort auch als „blonde Carmen" und „gesegnete Zigeunernatur" Furore. Angesichts der vielen Ozeanüberquerungen sorgten sich allerdings Presse und Fans um ihre Stimme. Zu ihren Glanzrollen gehörten die Salome wie die Kaiserin in Richard Strauß' „Frau ohne Schatten", das berühmte Gebet der Tosca sang sie spektakulär auf dem Boden liegend. Die 1919 geschlossene Ehe mit dem Freiherrn von Popper währte nur kurz. In den dreißiger Jahren spielte Maria Jeritza dann in mehreren Tonfilmen mit, doch 1935 nahm sie Abschied von der Wiener Staatsoper, für deren Wiederaufbau sie sich nach 1945 engagierte, als sie schon zurückgezogen in Amerika lebte.

Edith Stein

*** 12.10.1891 Breslau**
† 9.8.1942 Auschwitz

Um die große Familie und das Geschäft musste sich die resolute Mutter nach dem frühen Tod ihres Mannes alleine kümmern. Aber Edith Stein erlebte eine geborgene Jugend und auch den Mädchen wurde das Studium ermöglicht. Die jüdische Religion spielte kaum eine Rolle, Edith Stein selbst erinnert sich, dass sie die Breslauer Universität als erklärte Atheistin bezog. Edmund Husserls neue Lehre von der Phänomenologie führte die angehende Philosophin nach Göttingen, wo sie zunächst das Staatsexamen für das Lehramt ablegte. „Vaterländisch" gesinnt, stellte sie sich bei Ausbruch des Ersten Weltkriegs dem Roten Kreuz zur Verfügung und arbeitete als Krankenschwester in Mähren. Sie promovierte 1917 in Freiburg mit „Probleme der Einfühlung" bei Husserl und wurde seine Assistentin, aber sie durfte sich – als Frau und als Jüdin – nicht habilitieren. Edith Stein hatte sich zeitweilig liberaleren Ideen genähert und war auch dem Verein für Frauenstimmrecht beigetreten. Wichtiger wurde jedoch ihr Interesse für religiöse Fragen. Bei ihrer Freundin Hedwig Conrad-Martius hatte sie zufällig die Heilige Teresa von Avila entdeckt, ihre Schriften wurden ausschlaggebend für die Konversion. 1922 wurde Edith Stein in Speyer getauft. Sie unterrichtete dort am Lehrerinnenseminar der Dominikanerinnen und ging 1932 zum Deutschen Institut für wissenschaftliche Pädagogik nach Münster, wo sie 1933 das Berufsverbot traf. Seit ihrer Konversion zum Klosterleben entschlossen, trat sie 1933 in das Kölner Karmelitinnenkloster ein. Als Schwester Theresia Benedicta a Cruce schrieb sie dort ihr Hauptwerk „Endliches und unendliches Sein", beschäftigte sich mit Thomas von Aquin und dem Mystiker Johannes vom Kreuz. Auch die Übersiedlung in den Karmel im holländischen Lecht konnte ihr den Transport nach Auschwitz nicht ersparen. Als große Denkerin, die ihr Christentum konsequent lebte, wurde sie 1987 selig gesprochen.

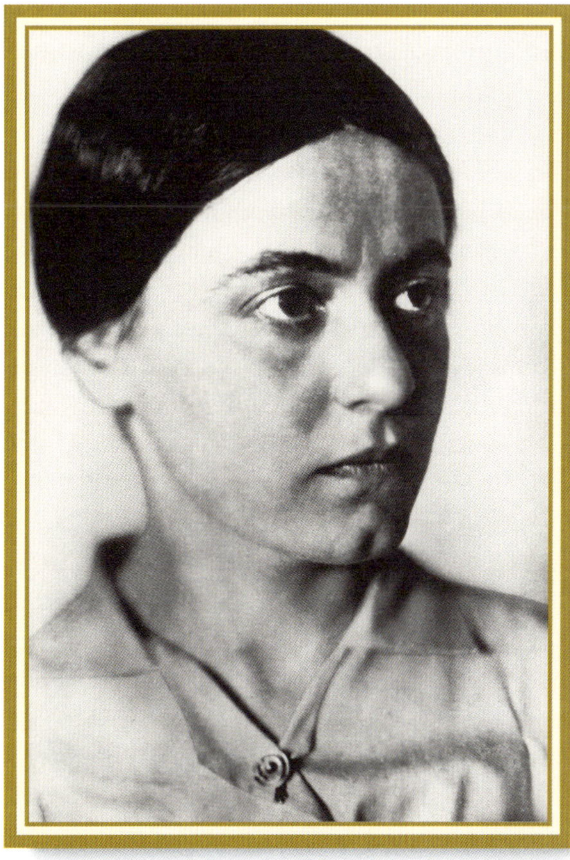

Edith Stein, Fotografie, um 1930

Milena Jesenská

*** 10.8.1896 Prag**
† 17.5.1944 Ravensbrück

Milena Jesenská
Passfoto mit Unterschrift

Der Vater, Zahnarzt und Professor, schickte, obwohl konservativ, seine Tochter auf das fortschrittliche Mädchengymnasium „Minerva". Milena fängt an Medizin zu studieren, wechselt dann aber zur Musik und ist vor allem eine eifrige Kaffeehausbesucherin. Es waren glückliche und verrückte Jahre im Kreis der „Skandalistinnen", denn Prag ist damals das Zentrum der literarischen Avantgarde. Gegen den Willen ihres Vaters heiratet die unkonventionelle junge Frau 1918 den Literaturkritiker Ernst Polak und zieht mit ihm nach Wien. Doch ihr Mann führt sein eigenes Leben, einschließlich Freundin – für das Geld muss Milena sorgen. Sie arbeitet als Hausmädchen, Tschechischlehrerin oder Redakteurin und schreibt 1920 an Franz Kafka, den sie flüchtig kannte, dass sie seine Erzählungen übersetzen wolle. Es wird eine bemerkenswerte Beziehung mit Höhen und Tiefen, die ein eindrucksvoller Briefwechsel dokumentiert. Milena, wieder in Prag, wird eine erfolgreiche Journalistin. Von Ernst Polak geschieden, heiratet sie 1927 den Architekten Jaromir Krejcar und bekommt eine Tochter. Es sind glückliche Jahre, doch an Gelenkentzündung erkrankt, kann sie bald nicht ohne Morphium leben. Sie hat sich schon lange für soziale Fragen interessiert und schließt sich der kommunistischen Partei an, bricht jedoch bald mit dem rigiden Stalinismus. Nach der Scheidung findet Milena in Evzen Klinger einen neuen Gefährten und Mitstreiter für ihre Devise „Aufrecht stehen und helfen". Mit der journalistischen Arbeit wird es schwierig, da Milena zwischen allen Fronten steht und nun die Nazis ihren Schatten über das Land werfen. Nach dem Einmarsch der Deutschen wird Milena zu einer todesmutigen Fluchthelferin, die bald in die Fallen der Gestapo gerät, verhaftet und 1940 ins Konzentrationslager Ravensbrück gebracht wird. Die dort ebenfalls gefangene Margarete Buber-Neumann hat uns das letzte Zeugnis dieser mutigen Frau, engagierten Schriftstellerin und leidenschaftlich Liebenden überliefert.

Golda Meir

*** 3.5.1898 Kiew**
† 8.12.1978 Jerusalem

Golda Meir (2. Reihe) Außenministerin im Kabinett Ben Gurion, 1959

Jahrzehntelang war sie die wohl populärste Politikerin nicht nur Israels, sondern der Welt. Für ein langes Studium war kein Geld in der 1906 von Russland nach Amerika ausgewanderten Familie. Golda Mabovitch wird Lehrerin und engagiert sich früh für den Zionismus. 1917 heiratet sie Morris Meyerson – zwei Kinder stammen aus der später geschiedenen Ehe. Beide wandern 1921 nach Palästina aus und leben zunächst im Kibbuz. Golda Meir tritt der Arbeiterpartei Mapai und der Gewerkschaftsorganisation Histadrut bei, ist auch beim Aufbau der zionistisch-sozialistischen Frauenbewegung tätig. 1946 wird sie Vorsitzende der Jewish Agency for Palestina und nimmt an den Geheimverhandlungen mit dem jordanischen König Abdallah al Hussein teil, im Mai 1948 gehört sie dann zu den Unterzeichnern der Proklamation zur Gründung des Staates Israel. Ben Gurion ernennt sie 1949 zur ersten Botschafterin des neuen Landes in der Sowjetunion, später wird sie Arbeits-, dann Außenministerin und 1966 Generalsekretärin der Arbeiterpartei. 1969 war Mosche Dayan der Favorit für den Posten des Ministerpräsidenten – überraschend wählte die Knesset aber Golda Meir. Der Jom-Kippur-Krieg allerdings zerstörte den Mythos von Israels Unbesiegbarkeit – Golda Meir, schon lange krebskrank, trat 1974 zurück, ihr Nachfolger wird Jizak Rabin. Golda Meir verkörperte perfekt den Typus des zionistischen Pioniers und sie war vor allem das Urbild der jüdischen Mutter. Ihr Talent fürs Spendensammeln war berüchtigt, sie kochte Suppe für ihre Leibwächter und hielt die Kabinettssitzungen am liebsten bei Tee und Kuchen in ihrer Küche ab. Ihre Ziele hießen Zionismus und Sozialismus, und sie besaß Willen und Talent, sich durchzusetzen – eine entschlossene und mutige Frau, umstritten allerdings wegen ihrer Unnachgiebigkeit.

Golda Meir während
einer Ansprache,
Fotografie, um 1973

Marlene Dietrich

* 27.12.1901 Berlin
† 6.5.1992 Paris

Marlene Dietrich, Rollenbild in „Tatjana", Porträtfoto, 1937

Die Mutter – der berühmte Vamp stammte aus einer preußischen Offiziersfamilie – heiratete in zweiter Ehe Eduard von Losch, der die beiden Töchter adoptierte. Marlene studierte Geige auf dem Weimarer Konservatorium, wurde dann aber Schauspielerin und spielte seit 1922 kleine Rollen bei Max Reinhardt und beim Film. Dort begegnet sie dem Regieassistenten Rudolf Sieber, den sie 1923 heiratet. 1924 kam die Tochter Maria auf die Welt, die sie später zur „schönsten Großmutter der Welt" machen sollte. Die junge Schauspielerin fiel durch ihre extravaganten maßgeschneiderten Herrenanzüge auf, alle Welt bewunderte ihre atemberaubenden Beine. Aber es war Josef von Sternberg, der sie 1929 wirklich entdeckte, als er die Lola für die Verfilmung von Heinrich Manns Roman „Professor Unrat" suchte: Mit dem „Blauen Engel" und dem Lied „Ich bin von Kopf bis Fuß auf Liebe eingestellt" war ein Star geboren, für den sich Hollywood sofort interessierte. Marlene Dietrich fuhr mit Sternberg, der viele Jahre ihr bevorzugter Regisseur bleiben sollte, nach Amerika. Der Film „Morocco" mit Gary Cooper bestätigte den Mythos vom geheimnisvoll verruchten Vamp. Heimwehkrank fuhr Marlene aber erst einmal zu ihrer Familie nach Berlin zurück. Dann übersiedelte sie jedoch nach Amerika und drehte mit „Shanghai Express" oder „Song of Songs" weitere Erfolge. Hatte Sternberg sie als Göttin auf einen Thron gesetzt, so brachte Ernst Lubitsch nun in eleganten Komödien ihr ironisches Talent zur Geltung; einer ihrer größten Erfolge wurde später der Western „Destry rides again" mit James Stewart. Es war eine Karriere mit Pausen, die dann zu immer wieder neuen Triumphen führte. Unvergessen blieb ihr Einsatz bei der Truppenbetreuung während des Zweiten Weltkriegs. Da sie mit Hitler-Deutschland nichts im Sinn hatte, war Marlene Dietrich 1939 amerikanische Staatsbürgerin geworden und eine Anlaufstelle für viele

„Der blaue Engel", Filmplakat mit Marlene Dietrich als Lola-Lola und Emil Jannings als Professor Unrat, 1930

„Blonde Venus“,
Filmplakat mit
Marlene Dietrich,
Wien, 1934

„Zeugin der Anklage", Szene mit Marlene Dietrich, 1957

Emigranten. Nach dem Krieg drehte sie oft in Europa, mit Jean Gabin, Charles Laughton, Billy Wilder und Alfred Hitchcock. Über 50 startete sie eine neue Karriere als Diseuse mit spektakulären Auftritten in ebenso spektakulären Roben oder in Frack und Zylinder. So sehr sie die Kunst des Glamour beherrschte – ihr Privatleben sollte diskret bleiben. Viele Freunde fand sie unter Schriftstellern, sie gilt als Vorbild für die Heldin in Erich Maria Remarques „Arc de Triomphe", Jean Cocteau, Graham Greene und Ernest Hemingway waren ebenso fasziniert wie ihr großes Publikum.

Marlene Dietrich während der Dreharbeiten zu „Marokko – Herzen in Flammen", 1930

Greta Garbo

*** 18.9.1905 Stockholm**
† 15.4.1990 New York

Szene mit Greta Garbo in „Menschen im Hotel", 1932

Von Anfang an war die „göttliche" Diva von einer Aura des Geheimnisvollen umgeben. Die junge Warenhausverkäuferin Greta Gustafson bekommt ein Stipendium der Königlichen Schauspielakademie, wo sie bald von Mauritz Stiller entdeckt wird: „Ein solches Gesicht bekommt man in hundert Jahren nur einmal vor die Kamera", fand er und drehte mit Greta Garbo, wie sie sich nun nannte, 1923 „Gösta Berling" nach dem Roman von Selma Lagerlöf. Nach dem Erfolg wurde sie sofort für „Die freudlose Gasse" mit der damaligen deutschen Filmprominenz engagiert. Das Gesicht fiel auch dem mächtigen MGM-Boss Louis B. Mayer auf – 1925 fuhren Greta Garbo und Stiller über den Atlantik. Hollywood ließ sie erst einmal warten, doch gleich der erste Film „The Torrent" wurde eine Sensation und auch der Beginn einer langjährigen Zusammenarbeit mit dem Kameramann William Daniels. Stiller allerdings wurde zurückgeschickt, die Garbo bekam andere Regisseure und neue Partner wie Ramon Novarro, Clark Gable und den romantischen Star jener Jahre, John Gilbert. Er brachte ihr bei, wie man sich in Hollywood durchsetzt, doch aus einer Heirat des berühmten Liebespaares wurde nichts.

Schließlich musste die Garbo zitternd zum Tonfilmtest für O'Neills „Anna Christie". Der Satz „Ein Whisky …" wurde zur Erlösung – die heisere, aber faszinierende Stimme passte zum Image der glamourösen Sphinx. Es folgten fürstliche Gagen

Titelseite der Zeitschrift „Screen Book", mit Greta Garbo, Mai 1934

Szene mit Greta Garbo in „Menschen im Hotel", 1932

und ihre berühmtesten Filme: „Die Kameliendame", „Königin Christine" oder „Ninotschka". Der Zweite Weltkrieg änderte auch das Leben der Garbo, die immer eher ein europäischer als ein amerikanischer Star war. Der auf amerikanischen Geschmack getrimmte Film „The two faced woman" wurde ein Reinfall – die Diva zog sich resigniert zurück. Ruhm war ihr schon immer lästig gewesen. Im Film stets verschwenderisch kostümiert, liebte sie privat einfache Kleidung und fand, dass ihre Freundschaften und Affären, ob mit Frauen oder dem Dirigenten Leopold Stokowski, dem Gesundheitsapostel Gayelord Hauser oder dem Fotografen Cecil Beaton niemanden außer ihr etwas angingen. Versteckt unter großen Hüten lebte sie zurückgezogen in New York. Der Mythos der Unnahbarkeit wurde nur noch größer, das faszinierende Bild einer so sinnlichen wie entrückten Schönheit lebt ungebrochen weiter.

Privatfoto von Greta Garbo, um 1927

Josephine Baker

*** 3.6.1906 St. Louis**
† 12.4.1975 Paris

„Josephine Baker/Die weltberühmte Negertänzerin",
Rasterdruck nach Foto, 1927

Die Mutter eine schwarze Wäscherin, der Vater ein spanischer Landarbeiter – Josephines frühe Jahre waren hart. Mit 14 begann die schöne Mulattin aufzutreten, arbeitete sich als Chorgirl in Musicals hoch und bekam 1925 ihre erste Hauptrolle in „La Revue Nègre" auf den Pariser Champs Elysées. Jazz, Tango, Charleston – alles Exotische war damals modern, und Josephine, halbnackt in ihrem Bananenröckchen, machte Furore und Karriere – erst in den Folies Bergères, dann mit einem eigenen Theater und auf Tourneen durch die ganze Welt. Sie arbeitete dafür, heißt es, 14 Stunden täglich. Harry Graf Kessler sah sie 1926 in Berlin und war begeistert: „Die Baker tanzte mit äußerster Groteskkunst und Stilreinheit, wie eine ägyptische oder archaische Figur … so müssen die Tänzerinnen Salomos und Tut-ench-Amuns getanzt haben … Man denkt bei ihr an Erotik ebenso wenig wie bei einem schönen Raubtier". Obwohl in Amerika verheiratet, heiratet sie den „Conte" Pepito Abatinore, einen Gigolo, der sich jedoch als treuer Manager entpuppt. Sie nimmt Ballettunterricht bei Georges Balanchine, lernt singen und macht nun Mistinguett, dem gefeierten Pariser Star, Konkurrenz. Mit Jean Gabin dreht sie den Film „La Sirène des Tropiques" und in Kopenhagen wird ihr eine Affäre mit dem späteren König Gustav VI. Adolf nachgesagt. Doch es gibt auch die andere Josephine Baker, die sich im Widerstand gegen Franco und die Nazibesetzung Frankreichs engagiert, die vor amerikanischen GIs in

Josephine Baker,
Fotografie, um 1930

Josephine Baker,
Fotografie, um 1931

Nordafrika singt, die gegen Rassismus kämpft und die 12 Kinder, jedes aus einem anderen Land, adoptiert. Für die Erziehung der „Regenbogenkinder", die auf ihrem Schloss Les Milandes in der Dordogne ohne Medienrummel aufwachsen sollen, unterbricht sie sogar ihre Karriere.

Josephine Baker (vorne, 3.v.l.) in der Szene „Sous un Pont d'Or" der Revue „La Folie du Jour" der Folies Bergère, Paris 1926/27

Hannah Arendt

*** 14.10.1906 Hannover**
† 4.12.1975 New York

Hannah Arendt, Fotografie, 1927

Die einzige, hoch begabte Tochter einer gutbürgerlichen Familie beginnt 1924 in Marburg Philosophie zu studieren. Schon als Studentin, erinnert sich der Philosoph Hans Jonas, fiel ihr „außergewöhnlicher Zauber" auf. Mit ihrem Lehrer Martin Heidegger verband sie bald eine Beziehung – eine schwierige „amour fou". Die Doktorarbeit über den „Liebesbegriff bei Augustin" schrieb Hannah Arendt dann bei Karl Jaspers in Heidelberg, mit dem sie eine lebenslange Freundschaft verband. Ihre Heirat mit dem Publizisten Günther Anders (Stern) hatte keinen langen Bestand, privates Glück fand sie dann in der Ehe mit dem Wissenschaftler Heinrich Blücher. 1933 zur Emigration gezwungen, engagierte sich Hannah Arendt in Paris für das jüdische Kinderhilfswerk, bevor sie 1941 mit ihrem Mann in die USA emigrierte. Dort arbeitete sie zunächst als Lektorin und Journalistin, hielt Vorlesungen und wurde 1959 die erste Professorin in Princeton. Weltweit Aufsehen erregte ihr Buch „Elemente und Ursprünge totalitärer Herrschaft", in dem sie auf kühne, neue Weise die Verbindungen zwischen Terror und Ideologie untersuchte. Die unbestechliche Wissenschaftlerin wurde 1961 von der Zeitschrift „New Yorker" nach Jerusalem geschickt, um über den Eichmann-Prozess zu berichten: Ihre Analyse der „Banalität des Bösen" wird bis heute kontrovers diskutiert. Hannah Arendt, immer auf der Suche nach neuen Wegen der Erkenntnis, war eine so engagierte wie mutige Nonkonformistin, eine „leidenschaftliche Querdenkerin" und ein Genie der Freundschaft, wie es Walter Benjamin, Mary McCarthy oder Uwe Johnson bezeugten. Sie hat die unmögliche Synthese der Schicksale als Jüdin, Flüchtling und Philosophin gelebt und hat, als sie 1959 den Lessing-Preis erhielt, auch mit der Rede „Von der Menschlichkeit in finsteren Zeiten" Maßstäbe gesetzt.

Hannah Arendt
während eines Vortrags
über „Autoritäre und
totalitäre Staatsform"
in Berlin, im Rahmen der
Ernst-Reuter-Gedenk-
Vorträge, 1955

Rachel Carson

*** 27.5.1907 Springfield, Penns.**
† 14.4.1964 Silver Spring, Maryland

Rachel Carson, 1951

Die amerikanische Naturwissenschaftlerin sorgte 1962 mit ihrem Buch „Der stumme Frühling" für Aufsehen. Es war – und ist es immer noch – eine so aktuelle wie betroffene Warnung vor der Leichtfertigkeit, mit der tödliche, Menschen wie Tiere gefährdende Gifte und Pestizide zur Bekämpfung von Unkraut und Schädlingen eingesetzt werden. Damit die Zivilisation nicht zum Opfer ihrer eigenen Errungenschaften wird, plädierte Rachel Carson für das „Gleichgewicht der Natur". Ihr Buch erregte heftige Kontroversen, denn es war höchst unbequem. Die chemische Industrie eröffnete eine Schlammschlacht gegen die Autorin, die als unqualifizierter „Bio-Freak" und „kommunistische, schrullige alte Jungfer" beschimpft wurde. Doch Rachel Carson war eine kompetente Forscherin. 1925 hatte sie am Pennsylvania College in Pittsburgh mit dem Literaturstudium begonnen, wechselte jedoch bald zur Biologie und schloss ihr Studium an der John Hopkins University ab. Sie arbeitete dann für den „Fish and Wildlife Service" und als Meeresbiologin. Ihr erstes Buch „Under the Sea Wind", 1941 erschienen, besticht gleichzeitig durch wissenschaftliche Präzision und dichterische Sprache, zehn Jahre später wurden die „Geheimnisse des Meeres" zum Bestseller. Rachel Carson, die zurückgezogen mit ihrer Mutter lebte, konnte sich nun ein Haus am Meer in Maine kaufen. Es ging ihr in „Der stumme Frühling" nicht darum, den chemischen Pflanzenschutz ganz abzuschaffen – die Biologin ist gegen den Missbrauch und belegt die Fakten der Zerstörung. Vor allem jedoch plädiert sie für alternative Methoden und für die Erhaltung der Schönheit der Natur in allen ihren vielfältigen Lebensformen. Heute ist Rachel Carson als Pionierin der modernen Ökologie und wichtige Anregerin einer neuen Umweltschutzpolitik anerkannt.

Simone de Beauvoir

*** 9.1.1908 Paris**
† 14.4.1986 Paris

Simone de Beauvoir, Porträtaufnahme, um 1955

Sie war eine „Tochter aus gutem Haus", wie sie selbst ihre Memoiren betitelte. Streng katholisch erzogen, studierte Simone de Beauvoir Philosophie an der Sorbonne und wurde Lehrerin, bis sie 1943 unter dem Vichy-Regime ihre Stelle verlor. 1929 hatte sie den Schriftsteller und Philosophen Jean-Paul Sartre kennen gelernt und ist von dem außergewöhnlichen jungen Philosophen fasziniert. Sie finden sich zu einem lebenslangen Bund in Gleichheit,

Simone de Beauvoir und Jean-Paul Sartre während eines Interviews, 1950

Gemeinsames Grab von Jean-Paul Sartre und Simone de Beauvoir auf dem Cimetière Montparnasse, Paris

Vertrauen und Aufrichtigkeit. Diese eigenwillige und manchmal schwierige Lebensgemeinschaft war ein enges Freundschafts- und Arbeitsverhältnis, das beiden Raum für eigene Lieben und Liebeleien ließ. Simone veröffentlicht ihre ersten Romane, 1945 gründet Sartre die Zeitschrift „Les Temps modernes", ein Forum auch des Existentialismus, in der sich die geistige Elite der damaligen Zeit ebenso wie im Café „Les Deux Magots" trifft. Ihr Schlüsselroman über die Pariser Intelligentia „Les Mandarins", eine ironische Analyse des Dilemmas der Liberalen im Westen, erhielt 1955 den begehrten Prix Goncourt. Zur Bibel des Feminismus wurde ihr 1949 erschienener Bestseller „Le Deuxième Sexe". Immer wieder schreibt sie auch über den täglichen Sexismus und wird Präsidentin der Liga für Frauenrechte. „Castor", wie Sartre sie nannte, reist nun als eine Art Kulturbotschafterin durch die ganze Welt. Wie Sartre engagiert sie sich für „einen wirklichen Sozialismus", für die Befreiung Algeriens, gegen Ausländerhass und Rechtsextremismus. Wie er genießt sie die Freiheit ihrer Verbindung und liiert sich mit dem Schriftsteller Nelson Algren oder dem Publizisten Claude Lanzmann. Doch Simone de Beauvoir stand stets im Dienst einer Utopie. Die Kontinuität ihres Lebens sah sie selbst im „Erkennen und Schreiben". „Ihre Arbeiten waren ein leidenschaftlicher Dienst am Leben", erinnerte sich Jean Améry, für Jean-Paul Sartre war das „Wunderbare", „dass sie die Intelligenz eines Mannes und die Sensibilität einer Frau besitzt".

Mutter Teresa

*** 26.8.1910 Skopje/Albanien**
† 5.9.1997 Kalkutta

Mit 18 Jahren tritt Agnes Gonxha Bojaxhiu in den Orden der Loreto-Schwestern ein, die für ihre Missionsarbeit vor allem in Indien bekannt waren. Indien war schon immer ihr Ziel, doch erst ging es nach Irland, um Englisch zu lernen. 1929 wurde Teresa, wie sie sich nannte, nachdem sie 1931 ihre Ordens-

Mutter Teresa besucht den Konvent des Heiligen Markus in Alexandria (Ägypten), Fotografie, um 1982/83

gelübde abgelegt hatte, als Lehrerin nach Kalkutta geschickt. Sie lernt schnell Hindi und Bengali und übernimmt 1944 die Leitung der Schule. 1946 erhielt Teresa, wie sie selbst berichtet, in der Eisenbahn nach Darjeeling ihre „zweite“ Berufung: „Ich sollte alles aufgeben und Jesus in die Slums folgen, ihm in Gestalt der Ärmsten der Armen dienen.“ Immer von schwacher Gesundheit, aber im Willen so stark wie im Glauben, bekommt Teresa 1948 die Erlaubnis, außerhalb des Klosters zu leben. Im folgenden Jahr nimmt sie die indische Staatsbürgerschaft an, 1950 wird ihre Kongregation der „Missionarinnen der Nächstenliebe“ vom Papst genehmigt. Bis 1960 werden 25 Häuser gegründet. Die „Missionarinnen der Nächstenliebe“, 1965 zum Orden erhoben, breiten sich nun überall in der Welt aus. Die unermüdliche Arbeit Mutter Teresas und ihrer Mitstreiterinnen, die aufopfernde Arbeit für Arme, Drogenabhängige, Prostituierte und Aidskranke wird 1979 mit dem Friedensnobelpreis geehrt. Schon zu Lebzeiten wurde Mutter Teresa in Indien fast wie eine Heilige verehrt. „Gott ist der Strom – ich bin nur ein kleines Kabel“, wehrte sie immer bescheiden ab, als nun immer mehr Politiker und Journalisten nach Kalkutta kamen. Ein Leben lang hat sie dafür gearbeitet und gebetet, „Christen und Nichtchristen zu Werken der Liebe zu ermutigen“.

Edith Piaf

*** 19.12.1915 Paris**
† 11.10.1963 Plascassier/Grasse

Edith Piaf in dem Film „Stern ohne Namen", 1945

Mit dem Wanderzirkus des Vaters zieht die kleine Edith Gassion durchs Land. Genächtigt wird im Freien, gelegentlich erwärmt durch ein paar Schlucke aus der Schnapsflasche. In Pariser Hinterhöfen beginnt sie zu singen, und mit 18 bekommt sie ein Kind, das aber früh stirbt. „Non, je ne regrette rien" heißt eines ihrer berühmten Chansons. „Nein, ich bereue nichts", sagte sie. „Wenn ich auch die Männer geliebt habe – sie blieben doch immer 'die anderen'. Meine Chansons dagegen, das bin ich, das ist mein Fleisch, mein Blut, mein Kopf, mein Herz, meine Seele." Mit 20 wird sie von Raymond Asso, der viele ihrer Chansons schreiben wird, entdeckt. „Wer ist diese Stimme, die für den kleinen Körper zu groß ist", fragte eifersüchtig Mistinguett, der Star jener Jahre. Bald tritt der nur 1,49 m große „Spatz von Paris" auch im Olympia auf – immer in einem einfachen schwarzen Kleid. Aber sie scheint nur die falschen Liebhaber zu treffen – den Flugpionier Jean Mermoz oder den Schauspieler Paul Meurisse, durch den sie Jean Cocteau kennen lernt, der 1940 für sie „Le bel Indifférent" schreibt, mit dem sie nun auch Erfolg auf der Theaterbühne hat. Gute Freunde sind der Romancier Joseph Kessel und der Dichter Jacques Prévert, aber die Liebhaber wechseln weiter – Yves Montand, der Boxer Cerdan oder Eddie Constantine. Marlene Dietrich ist Trauzeugin, als Edith Piaf in New York Jacques Pills heiratet, die dritte Ehe schließt sie mit dem viel jüngeren Griechen Théo Sarapo. Sie singt mit Maurice Chevalier, Charles Aznavour und Gilbert Bécaud, dreht mehrere Filme und führt ein exzessives Leben, geprägt von Alkohol, Drogen und Tabletten. Ein explosives Temperament, suchte sie Liebe und wollte sich nicht unterwerfen, sie lebte und sang nur nach Instinkt. Ihre Chansons sind von ihrem Leben nicht zu trennen – das ist die Magie der Edith Piaf.

Indira Gandhi

***19.11.1917 Allahabad**
† 31.10.1984 Neu-Delhi

Indira Gandhi, Porträtaufnahme, 1972

Die einzige Tochter des ersten Ministerpräsidenten Indiens, Jawaharlal Nehru, studierte in Oxford und heiratete den Journalisten und Politiker Firoge Gandhi – der nicht mit Mahatma Gandhi verwandt ist. Die junge Frau war zunächst auf sozialem und kulturellem Gebiet tätig und wurde dann Mitarbeiterin ihres Vaters. Seit 1938 Mitglied des Indian National Congress, wurde Indira Gandhi 1964 Minister für Information und 1966 Premierminister, wobei sie zusätzlich andere

Indira Gandhi mit ihrem Vater Nehru, undatiert

Besuch Indira Gandhis in Ost-Berlin 1976

Ministerämter bekleidete. Die Verstaatlichung der Banken führt 1969 zur Spaltung ihrer Partei. Indira Gandhi gründet die „neue INC", mit der sie 1971 einen überragenden Wahlsieg erringt. Blockfreiheit, ihre Devise in der Außenpolitik, macht sie auch zur Sprecherin dieser Staaten. Im Krieg mit Pakistan kann sie 1972 die Unabhängigkeit Bangladeshs durchsetzen. Innenpolitisch stößt ihr autoritäres Regiment zunehmend auf Widerstand: Politische Gegner werden einfach verhaftet, der Ausnahmezustand mit diktatorischen Notstandsgesetzen verhängt. All das führt zur Niederlage bei der nächsten Wahl, zu ihrem Rücktritt und zu einer weiteren Spaltung der Partei. Doch Indira Gandhi gelingt 1980 ein erneuter Wahlsieg. Nun muss die Premierministerin sich aber nicht nur mit den sozialen und wirtschaftlichen Problemen, sondern zunehmend mit religiösem Fanatismus auseinander setzen. Nach der Erstürmung des Goldenen Tempels von Amritsar wird sie von zwei Sikhs, ihren Leibwächtern, erschossen. Beide Söhne, Rajiv und Sanjay, spielen eine unglückliche Rolle in der Politik und kommen früh um. So sehr Indira Gandhi, eine Frau der Tat, sich anfangs für den indischen Freiheitskampf und für soziale Fragen engagiert hatte, so selbstgerecht und autoritär herrschte sie in ihren letzten Regierungsjahren.

Ella Fitzgerald

*** 25.4.1918 Newport News/Virginia**
† 19.6.1996 Beverly Hills/Kalifornien

Europatournee „Jazz at the Philharmonic" 1960: Ella Fitzgerald bei ihrer Ankunft auf dem Flughafen Tempelhof in Berlin.

Sie war die ganz große Sängerin des Jazz, die Größte meinte Oscar Peterson, „musikalisch außerhalb jeder Kategorie", mit einer Stimme wie Honig, die es mit jedem Instrument aufnehmen konnte. „Die Orchester stimmen ihre Instrumente nach dem 'a' der Oboe ein, weil sie den reinsten Ton hat. Ebenso könnten sie es mit einem 'a' von Ella tun", bewunderte sie der Dirigent André Previn. Mit 16 Jahren wurde Ella eher zufällig bei einem Amateurwettbewerb in Harlem entdeckt. Wenig später gelang es ihr, dem berühmten Schlagzeuger Chick Webb vorzusingen. Der adoptierte die Waise und verbot dann, aufzutreten, um ihr erst einmal alles Wichtige beizubringen. Bald war Ella die beliebte Sängerin der Webb-Band und hatte mit „A tisket, a tasket" den ersten Millionenerfolg. Nach dem Tod von Chick Webb tritt sie mit Dizzy Gillespie auf, durch den sie Scat und Bebop kennen lernt, denn die große Zeit des Swing geht langsam zu Ende. Es dauert nicht lange, bis Norman Granz sie unter Vertrag nimmt, der Impresario, der sich auch nachhaltig für die Rechte der schwarzen Sänger einsetzt. Für seine Plattenfirma Verve nimmt sie ihr ganzes Repertoire auf, darunter auch die „Songbooks" von George Gershwin und Cole Porter. Ella dreht mehrere Filme und reist als „Queen des Jazz" durch die ganze Welt. Legende wurde ihr improvisiertes Duett mit einer Grille beim Jazzfestival von Juan-les-Pins. Sie hat mit allen Größen des Jazz gesungen, mit Ray Brown, den sie kurz heiratet, mit Benny Goodman, Count Basie oder Louis Armstrong. Schon länger an den Augen erkrankt, muss 1971 eine Netzhautablösung operiert werden, doch nach acht Monaten steht der Star wieder auf der Bühne. Ihre magische Bühnenpräsenz, Musikalität und unbändige Lust am Singen wurde mit unzähligen „Grammy", dem begehrten amerikanischen Schallplattenpreis, und mehreren Doktorhüten ausgezeichnet.

Evita Perón

*** 7.5.1919 Los Toldos/Buenos Aires**
† 26.7.1952 Buenos Aires

Evita Perón hält eine Rede vor Angestellten des Öffentlichen Dienstes, die auf einer Kundgebung im Luna Park in Buenos Aires ihren Dank für Lohnerhöhungen aussprechen wollen. 1951

Eva Ibarguren Duarte wurde in einer ärmlichen Lehmhütte in der Provinz geboren und brennt, gerade 15 Jahre geworden, mit einem Tangosänger durch. Auf der Bühne hat sie wenig Erfolg – die einzige Rolle, die sie wirklich gut spielen wird, ist die der First Lady. Mehr Glück hat Evita mit ihren Liebhabern, die bei der Regierung wie bei den Putschisten sitzen – wie Juan Perón, der 1943 Minister für Arbeit und Wohlfahrt und durch die Erhöhung des Mindestlohns populär wird. Evita unterstützt ihn als Rundfunksprecherin und wird von nun an die Fäden nicht mehr aus der Hand geben. Als Perón, inzwischen Vizepräsident, von Marineoffizieren verhaftet wird, organisiert sie den Volksaufstand der „Descaminados" (Hemdenlosen), sie schwört seine Anhänger ein und organisiert 1946 den Wahlkampf, in dem Perón zum Präsidenten gewählt wird. Im Jahr zuvor hatten sie geheiratet. Obwohl ohne offizielles Regierungsamt, bleibt Evita die treibende Kraft. Sie wird Vorsitzende der Partido Peronista Feminino, und ihre vielen öffentlichen Auftritte, bei denen sie sich vor allem für Frauen- und Sozialarbeit engagiert, machen sie bei den einfachen Leuten populär, die ihr nicht einmal den ungeheuren Luxus ihrer Roben und Brillanten übel nehmen. Auch ihre Europareise 1947 wird viel bestaunt – in der schwierigen Nachkriegszeit ist das reiche Argentinien selbst mit einem faschistischen Diktator ein interessanter Partner, vor allem, wenn eine elegante Frau kommt. Trotz vieler Probleme in

Juan und Evita Perón bei ihrer Fahrt im offenen Wagen durch Buenos Aires, nach der Vereidigung Peróns als Staatspräsident für eine zweite Amtszeit, 1952

Argentinien wird Perón 1951 wieder gewählt, Evita jedoch, an Krebs erkrankt, stirbt 1952 – drei Jahre später wird der Präsident gestürzt. Ihr Engagement für die Armen und die glamourösen Auftritte, vor allem jedoch ein populäres Musical halten das Interesse an Evita bei allem Zwiespalt lebendig.

Margot Fonteyn

*** 18.5.1919 Reigate, England**
† 22.2.1991 Panama

Margot Fonteyn, Porträtaufnahme von Cecil Beaton, 1968

Margaret (Peggy) Hookham wuchs in Shanghai auf, wo sie eine gute Ballettausbildung bekam, die nach 1933 in der Sadler's Wells Ballet School in London fortgesetzt wurde. 1934 debütierte sie als Schneeflocke in Tschaikowskys „Nussknacker". Ninette de Valois, die ihre Begabung früh erkannte, gab ihr bald Solorollen und sie tanzte, nun mit dem Künstlernamen Margot Fonteyn, das ganze klassische Repertoire mit Anmut und Bravour. Noch heute gilt sie als die ideale Interpretin von „Dornröschen". Wichtig wurde die Zusammenarbeit mit Frederic Ashton, der viele Ballette eigens für sie choreographierte, darunter auch die glanzvolle Partie der „Kameliendame". 1961 begegnete sie dem 20 Jahre jüngeren russischen Tänzer Rudolf Nurejew und ihre leidenschaftliche Zusammenarbeit wurde zur Ballettsensation. Ihre filigrane Schwerelosigkeit gewann mit diesem Partner zusätzlich erotisches Flair und spritzigen Leichtsinn, ihre gemeinsamen Auftritte wurden zu Sternstunden des Balletts. In New York wurde Margot Fonteyn zur „Primaballerina der Primaballerinen" gekürt und die englische Königin erhob „Dame Margot" in den persönlichen Adelsstand. Als „die wahre Verkörperung von Tanz in seiner höchsten Form" bewunderte die Ballerina Marcia Haydée die noble Klarheit und den klassisch fließenden Bewegungsstil ihrer Kollegin. Verheiratet mit dem panamesischen Diplomaten Roberto Arias, der durch ein Attentat an den Rollstuhl gefesselt war, zog sich Margot Fonteyn, schon länger krebskrank, nach ihrer Abschiedsvorstellung 1979 in ihr Haus nach Panama zurück. Sie bleibt uns auch durch ihre Bücher und als Tanzpädagogin als eine moderne Göttin des Tanzes in Erinnerung.

Maria Callas

*** 2.12.1923 New York**
† 16.9.1977 Paris

Maria Callas am Strand, Fotografie, um 1956

Aus dem hässlichen, linkischen Kind griechischer Auswanderer wurde die Primadonna assoluta des 20. Jahrhunderts, geliebt, gefeiert und gefürchtet wie kaum eine andere. Maria Callas elektrisierte das Publikum und gab der alten Kunst der Oper einen neuen Sinn, weil sie, ganz der Musik verpflichtet, aus jeder Rolle etwas ganz Eigenes machte. In Athen von Elvira Hidalgo ausgebildet, begann 1948 ihre eigentliche Karriere in Italien, nachdem sie 1949 den Veroneser Rechtsanwalt Battista Meneghini geheiratet hatte, der ihr Manager wurde. Bald feierte die Callas an der Mailänder Scala Triumphe – als Bellinis „Norma", Cherubinis „Medea", Puccinis „Tosca", Verdis „Traviata" oder Lady Macbeth. Den schwierigen Ziergesang der Donizetti-Opern „Anna Bolena" oder „Lucia di Lammermoor" erfüllte sie mit neuem Leben, mit Herbert von Karajan, Leonard Bernstein und Erich Kleiber als Dirigenten oder den von ihr besonders geschätzten Tullio Serafin und Carlo Maria Giulini. Der Regisseur Lucino Visconti war es, der ihre Darstellungskunst zur Entfaltung brachte – unvergessen sind die Aufführungen von Spontinis „La Vestale" oder Bellinis „La Sonnambula". Ebenso gut konnte die Callas aber auch in der Regie von Franco Zefirelli glitzernde Rossini-Koloraturen singen. Es war die Glanzzeit einer Stimme von unverkennbarem Timbre, die zu ihren besten Zeiten drei Oktaven umfasste und mühelos das hohe C, sogar das D schaffte. „Eine außerordentliche, allen Fährnissen unterworfene Stimme" fühlte betroffen die Dichterin Ingeborg Bachmann, als sie diese „Stimme der Nacht" hörte.

Es kamen die Jahre des Starruhms und der echten oder herbeigeredeten Skandale. Das Filmidol Audrey Hepburn vor Augen magerte Maria Callas zu einer schlanken Schönheit ab. Sie besuchte Partys und exklusive Modesalons, freundete sich mit der amerikanischen Klatschtante Elsa Maxwell an und kreuzte mit dem Jet set auf der „Christina" durchs Mittelmeer. Die Luxusyacht gehörte dem millionenschweren Reeder Aristoteles Onassis – und die Griechin verliebte sich in den Griechen, der jedoch nicht an Heirat dachte. Ihre Gesundheit war angeschlagen, hämisch konstatierte die Presse nun

Frankfurter Illustrierte
6. Juni 1959
Nr. 23
50 Pf
Frankfurt am Main
47. Jahrgang
Österreich
Die Callas
VORSICHT, FALSCHER TON!

Maria Callas und Angelo Rizzoli, Fotografie, 1956

Schwierigkeiten mit der Stimme. Die Empörung schlug immer höhere Wellen, als sie 1958 in Rom eine Vorstellung der „Norma" abbrach, sich mit dem Met-Intendanten Rudolf Bing verkrachte und mit der Konkurrentin Renata Tebaldi Schlagzeilen lieferte. 1965 nahm Maria Callas mit der „Tosca" in Covent Garden in London Abschied von der Bühne, gab nur noch Konzerte, unterrichtete an der Juillard School in New York und drehte 1969 mit Pier Paolo Pasolini den Film „Medea".

Maria Callas war eine Außenseiterin – und eine Perfektionistin. Ihre beste Zeit war an der Scala in den Jahren, da man sich noch Zeit für die Kunst nahm. Sie gestaltete alle ihre Rollen mit eigener

Maria Callas bei ihrem Konzert im Kursaal von Wiesbaden während ihrer Deutschlandtournee 1959

Betroffenheit und fügte sich keiner Norm. In dem Plattenproduzenten Walter Legge, dem Mann der Sängerin Elisabeth Schwarzkopf, fand sie einen gleich gesinnten, professionellen Partner, dem es wie ihr um Werktreue und nicht um Virtuosität als Selbstzweck ging – so entstanden viele wunderbare Aufnahmen, Dokumente ihrer enormen Technik wie der Vielfalt ihres Stimmklangs. Und mochte ein Sänger wie George London ständig dementieren, dass sie Streit hätten – die Presse wollte sie launisch. Erst nach ihrem Tod wurde die „Tigerin" zur Heiligen, an der noch heute die Sängerinnen gemessen werden.

Marilyn Monroe

*** 1.6.1926 Los Angeles**
† 4.8.1962 Brentwood/Los Angeles

Ihren Vater lernt Norma Jean Baker nie kennen. Als die Mutter stirbt, kommt sie zu verschiedenen Pflegefamilien und heiratet mit 16 Jahren Jim Dougherty, den freundlichen Jungen von nebenan. 1946 scheitert die Ehe, und auch die nächste Ehe mit dem Baseballstar Joe di Maggio hält nur kurz. Marilyn hat angefangen als Fotomodell zu arbeiten und spielt, als Pin-Up-Girl bekannt geworden, ab 1948 kleinere Rollen in Hollywood. „Asphalt Jungle" wird der erste Erfolg. Berühmt als blonde Sexbombe wird Marilyn dann in Howard Hawks' „Gentlemen prefer Blondes" und mit dem Lied „Diamonds are a girl's best friend". Mit Billy Wilder dreht sie Erfolge wie „The Seven Year Itch" und „Some like it hot". Doch sie wollte nicht nur das blonde Dummchen und Lustobjekt sein. Marilyn Monroe, die immer schon einen Hang zum Perfektionismus hatte, nimmt Schauspielunterricht bei Lee Strasberg in New York. Die Heirat mit Arthur Miller war eine andere Herausforderung. „Jetzt gehört uns die Ewigkeit", lässt der verliebte Schriftsteller in den Ehering gravieren, doch diese Ewigkeit dauert nur sechs Jahre. Zwei Fehlgeburten hatten ihre Gesundheit angegriffen, der Film „The Misfits" nach Millers Drehbuch wurde trotz der Starbesetzung mit Clark Gable und Rock Hudson als Partner Marilyns ein Misserfolg. Depressiv und alkoholabhängig geht sie ins Sanatorium. Die Verleihung des zweiten „Golden Globe" 1962 sorgt für ein neues Hoch, doch ihr letzter Film wurde nicht mehr fertig

Marilyn Monroe in „Machen wir's in Liebe" (Let's Make Love), 1960 (li) und während einer Drehpause von „Nicht gesellschaftsfähig" (The Misfits), um 1960 (u.)

Szene mit Marilyn Monroe in: „Das verflixte siebente Jahr" (The Seven Year Itch) unter der Regie von Billy Wilder, 1955

Gegenüberliegende Seite: Marilyn Monroe in: „Fluss ohne Wiederkehr" (River of no Return), neu koloriertes Standfoto

„Blondinen bevorzugt" (Gentlemen prefer Blondes), 1953, Fotomontage aus Filmszenen

Gegenüberliegende Seite: Marilyn Monroe mit Tom Ewell in: „Das verflixte siebente Jahr"(The Seven Year Itch), Regie: Billy Wilder, 1955, neu koloriertes Standfoto

gestellt – Marilyn stirbt einen mysteriösen Tod durch Medikamentenvergiftung. Sofort entstehen Legenden und Gerüchte, alle Welt spekuliert, was mit dem Verhältnis mit John F. Kennedy war. In Erinnerung bleibt eine heiter strahlende, verführerische Schönheit von sagenhafter Kamerapräsenz, ein Naturtalent, dessen Begabung zu Ironie und Komik unterschätzt wurde, und eine Frau, die den lebenslangen Kampf um ihre Identität im allzu grellen Scheinwerferlicht verlor.

Steig
HATS
HENRY STEIG

Jacqueline Kennedy

* 29.7.1929 Southampton, Long Island/NY
† 19.5.1994 New York

Jaqueline Kennedy, Porträtaufnahme, um 1963

Als der neue Präsident der Vereinigten Staaten 1961 mit seiner schönen jungen Frau und zwei kleinen Kindern ins Weiße Haus einzog, war es auch politisch ein liberaler Aufbruch. 1002 Tage waren ihnen beschieden, dann passierte die Tragödie: In Dallas wurde John F. Kennedy im offenen Auto erschossen – „Jackie“ saß neben ihm und blieb unverletzt. Keiner vergisst die Bilder des Attentats und dann die Szene, in der die junge Frau, noch in ihrem blutverschmierten rosa Kostüm, im Flugzeug bei der Vereidigung neben dem neuen Präsidenten Lyndon

Ermordung Kennedys am 22. November 1963: Präsident Kennedy, Jackie und der Gouverneur John Connaly verlassen Love Fields, um nach Dallas zu fahren.

Begräbnis des ermordeten Präsidenten John F. Kennedy am 25. November 1963 auf dem Arlington National Cemetry in Washington D.C.

Jaqueline Kennedy bei der Beisetzung des ermordeten Martin Luther King am 9. April 1968 in Atlanta

B. Johnson steht. Jacqueline Bouvier war das Kind reicher Leute und besuchte die besten Schulen. Sie arbeitete als Fotoreporterin, und als sie 1953 für die Zeitung zur Krönung Elisabeths II. in London war, kam der telefonische Heiratsantrag des Senators Kennedy, mit dem sie sich im Jahr zuvor angefreundet hatte. Schon als Kind hatte Jackie begriffen, dass man die Männer mit Charme und Raffinesse um den Finger wickeln kann. Sie legte immer Wert auf ihre Unabhängigkeit und hielt sich eher in der Politik zurück. Aber sie richtete das Weiße Haus stilvoll neu ein und machte es zu einem kulturellen Mittelpunkt. Allerdings musste sie lernen, mit den Seitensprüngen ihres Mannes zu leben. Johns Tod stürzte sie in tiefe Depressionen. Nachdem sie gerade für sich und ihre Kinder ein neues Leben aufgebaut hatte, war die Ermordung seines Bruders Bob Kennedy 1968 ein weiterer Schock. Sie suchte Schutz in der Ehe mit dem griechischen Reedertycoon Aristoteles Onassis, doch das Glück dieser viel kritisierten Verbindung war nur kurz und 1975 starb Onassis. Die Arbeit als Verlagslektorin gab Jackie neue Aufgaben, sie engagierte sich auch zunehmend mit öffentlichen Initiativen für Stadtplanung, Denkmalschutz und die JFK Memorial Library. Die Tochter Caroline hatte geheiratet und Jackie zur Großmutter gemacht. In Maurice Templesmann fand sie einen diskreten neuen Gefährten, der ihr Leben in ruhige Bahnen lenkte. „Gott schenkte ihr wundervolle Talente, und er legte ihr eine große Bürde auf", sagte Präsident Bill Clinton in seinem Nachruf nach ihrem Krebstod, „sie trug sie mit Stolz und Würde und mit einem ungewöhnlichen Menschenverstand".

Diana Prinzessin von Wales

* 1.7.1961 Sandringham/Norfolk
† 31.8.1997 Paris

Ein junges Mädchen aus gutem Haus – und ein strahlendes, manchmal verschmitztes Lächeln, das um die ganze Welt ging – keine Fee an der Wiege konnte das Schicksal von Diana Spencer ahnen. Der Vater ist königlicher Stallmeister, nach der Scheidung der Eltern kommt Diana in verschiedene Internate und beginnt 1979 in London als Kindergärtnerin zu arbeiten. Und da ist ein Königssohn, schon über 30 Jahre alt, der nicht daran denkt, für einen Thronfolger zu sorgen, wie es sich gehört. Seine Braut sollte unbescholten, adlig und protestantisch sein. Prinz Charles verlobt sich 1981 mit der jungen, der Welt bislang unbekannten Diana. Die Ahnenforscher sind sofort zur Stelle und stellen fest, dass ihr Stammbaum mindestens ebenso lang und fein ist wie der der Windsor. Einer Märchenhochzeit in der St. Paul's Cathedral steht nichts mehr im Wege. Königin Elisabeth II. strahlt. 1982 und 1984 werden zwei Söhne, William und Henry, geboren. Diana hatte gehofft, dass sie ein gutes Team seien, doch bald tauchen Gerüchte über Eheprobleme auf. Charles kann sich nicht von seiner Geliebten trennen, Diana findet eine Ehe zu dritt etwas überbevölkert und sucht ihrerseits anderweitig Trost. Skandal, und nachdem die Boulevardpresse alles breit getreten hat, 1996 Scheidung. Diana, sicher anfangs überfordert vom kalten, strengen Hofprotokoll und dem Ansturm der Öffentlichkeit, will ein neues Leben beginnen. Sie hatte schon immer dafür gekämpft, dass ihre Kinder ein freies, normales Leben führen können und war unermüdlich für wohltätige Zwecke tätig. Als Botschafterin des Britischen Roten Kreuzes fährt sie 1997 nach Angola und setzt sich entschieden für die Ächtung der Anti-Personen-Minen ein. Dann macht sie Ferien mit ihrem neuen Freund Dodi Al-Fayed. Nach einem fröhlichen Abend in Paris fährt sie ein betrunkener Chauffeur, verfolgt von Paparazzi, bei mörderischem Tempo in den Tod. Erst bei der Trauerfeier in Westminster Abbey haben viele gemerkt, was sie verloren hatten: eine Königin der Herzen.

Prinzessin Diana vor dem Start des Benefiz-Rollstuhl-Wettkampfs „Push 2000" in London, 1996

Folgende Seite:
Prinzessin Diana besucht Minenopfer in Angola, Januar 1997

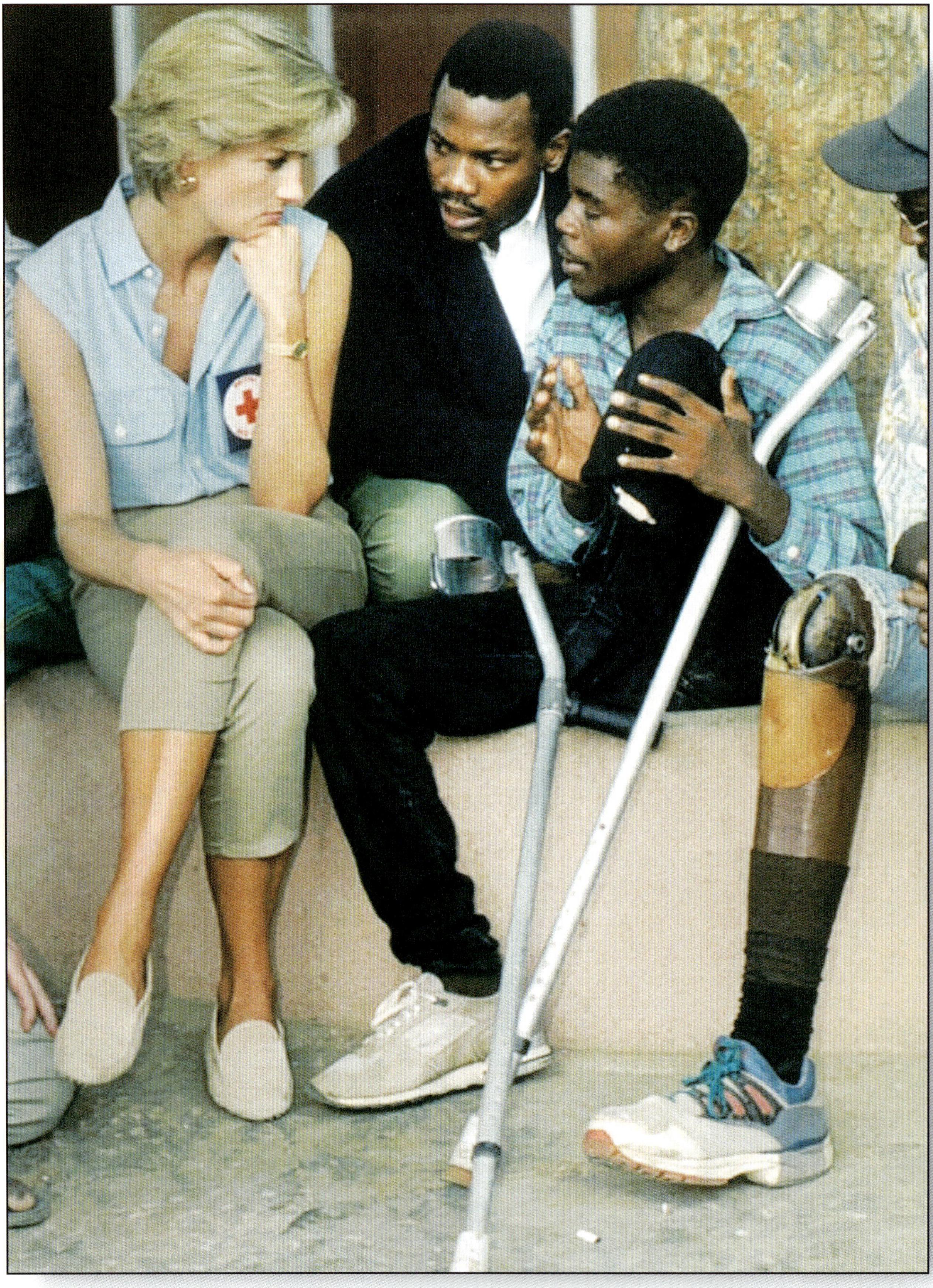